我們不談人生道理 我們只談自己

學會傾聽自己
才能傾聽他人

隙己之對話之後

Ni Hua

王曉 著

AFTER TALKED TO YOURSELF.

序言

去年，我在老家的書櫥中，偶然發現了一本已經泛黃的作文本。

翻開作文本，上面有很多的錯字，還有很多不會寫的字，只能用拼音代替。每一篇的開頭，都基本上是清一色的模版："今天是 1999 年 xx 月 xx 日，我 xxx，真的特別開心。"那時候，我在上小學二年級，作文本是當時的我用來寫語文作業的，記錄了自己七八歲的時候，是如何看待父母老師的，是如何描寫心情、描繪自然的，以及是怎麼樣看待自己的。

簡單讀下來，我在某一篇作文的結尾、當年老師的評語下方，加入了自己的評語：

"文筆很稚嫩，字跡略顯誇張，很多語句不是很連貫，但開朗、積極、陽光，對各種未知充滿好奇的心態，值得現在的我學習。原來那時候的你就這麼棒了，時隔二十多年，很高興與你在文字裏見面。"

如果不是翻到這本作文本，可能我早就忘記了，童年的我每一天都在想些什麼。看自己當年的作文，然後寫下現在自己的評價，其實就像是與童年時候的自己在對話。我的思緒慢慢飄遠，開始設想未來的某一天，當我成為了一位父親，我會如何努力與孩子感同身受呢？也許目前的我能想到的最好方式，就是記得童年時候自己的感受，不要因為已經長成了大人，就忘記了自己是如何從童年一路過來的。

向過去的自己學習，並給當下的自己帶來一些全新的思考與感悟，是一種很棒的體驗。而與自己對話，則是以一問一答的方式，既從過去的經歷中汲取智慧，也從內心深處瞭解當下自己的真實想法。比如可以問問自己，現在的我還會不會被過去的一些問題所困擾？目前的生活與目標，是不是我真正想要的？我是否已經做好了準備，願意接納被負面情緒所困擾的自己？

身處喧囂與忙碌之中，要做到獨立思考，傾聽自己內心的聲音，其實並不容易。每當你遇到困難、選擇、決定的時候，身邊總是會變得很嘈雜，有鼓勵你的聲音，也有質疑你、指點你的聲音。他們不斷地告訴你，你要怎麼怎麼樣，你應該達到什麼什麼樣的"標準"，否則你就會怎麼怎麼樣。

就像在過往的很多經歷中，每當你遇到一件很難完成又很想去做的事情，可能在第一時間，會以這樣的方式問自己："別人能做到，你怎麼會做不到呢？只要你努力，一定也可以做到的。"

一段時間後，結果揭曉的一瞬間，發現事情仍然是沒有做成。當沮喪、不甘開始佔據你情緒的時候，往往就需要與自己聊一聊了，這個時候，你本來已經很難受了，但身邊還出現了其他質疑你的聲音，他們不斷地對你說："你看看誰誰做到了，你怎麼做不好，你怎麼做不到。"

面對困難和焦慮時，可能你會期待身邊可以出現一個人，他可以安慰你、鼓勵你，或是給你一些經驗方法，來幫助你更快地走出負面情緒。但其實，誰又能真正地做到感受你的感受呢，並且，你也無法確保在你遭遇狂風暴雨時，那個你非常信任的人，還能不能做到像平時那樣耐心地對待你。

"誰說你一定就要做到什麼什麼呢，慢慢來，做不到也沒關係，你也努力了，已經很棒了。"類似這樣的話，我們要學會更多地對自己說出來。

很多時候，可以鼓勵你、治癒你、並幫助你最終化解焦慮的那個人，都是內心深處的另一個自己。

　　遺憾的是，我們常常很容易懷疑自己、不願意大方地認同自己，所以會效仿他人走過的路，以他人評判的“標準”，來定義自己的成功與否。甚至還會為了他人的讚賞與肯定，逼迫著自己去做一些並不情願的事情。諸如此類的事情，往往消耗了我們太多的時間和精力，使我們離真實的自己越來越遠。

　　一個人的時候，其實就是與自己對話的最佳時機。

　　“這真的是我想要的嗎？”

　　“我可以接受令他失望嗎？”

　　“我究竟在煩惱些什麼？”

　　“我以前為什麼為這種事情而煩？”

　　“我真正想要追求的是什麼？”

　　“他人對我的評價和看法真的重要嗎？”

　　……

　　在不同的人生階段，也許曾有很多人對你說，你要怎麼怎麼樣做，你才可以變得更好。但是，與其成為他們眼中那個更好的自己，不如選擇更好地成為自己。

　　多花些時間，與自己好好聊一聊，與自己好好相處。時光匆匆而過，很多朋友不經意就走散了，很多感情一旦錯過就再也不會回來了，在悠長的歲月裏，也許你曾與生命中遇到的很多人相談甚歡，相見恨晚，可他們最終還是成為了你人生的過客。原來最永久的陪伴，只有自己，原來最瞭解你、最有資格成為你知己的人，也只有自己。

　　回想起來，2023 年 11 月下旬，在我剛開始寫這本書的時候，我只是想寫下一些自己的感悟，來讓自己記住生命裏一些事情的發生，審視不同的經歷給我帶來了什麼樣的感受與改變。但後來寫著寫著，我突然意識到，其實寫作本身就是一個與自己深度對話的方式。每當我打開電腦，敲擊著鍵盤，思緒慢慢地從日常的忙碌中抽離出來，轉而開始從記憶中翻閱著每一個時期的自己，我坦誠地將不同的情緒向自己展開，細心地探索著曾經被深藏在心底的情感與渴望。

　　在寫作的過程中，我時常會有新的發現。比如，一些曾經令我感到焦慮的事情，發現現在的自己可以笑著說出來了。一些曾經很執著但卻未能做成的事情，發現現在的自己，終於有了說出那句沒關係的勇氣。又比如，一些看似不起眼而且也很久遠的小事，發現自己居然還能記得，並用文字表達了出來。

　　正是這些藏於文字中的驚喜與發現，我才更加地確定，總有一些經歷和感受，是值得用文字來好好記錄的。

　　也許有一天，五年後、十年後、甚至更久遠的以後，當那時候的我再翻起這本書，也許會覺得現在的自己，文筆很青澀，很多的想法也並不全面、並不成熟、並不深遠。但沒有關係，相信那時的我，也一定會享受與現在自己對話的過程，一些積極向上的文字，可能還會給那時候的自己，帶來一些鼓勵和治癒，一如現在的我，看年少時候自己的作文本一樣。

　　不多啰嗦了，試著與自己好好聊一聊吧！

2024 年 4 月

目錄

第一章 遇見自己

等待，與天賦相遇的那一天

並非每件事都需要意義

那麼"乖"，卻又那麼累

孤獨也是種愜意的享受

趁還想，就多經歷不同吧

等待，與天賦相遇的那一天

01

小時候，對很多事物充滿著好奇與熱情。喜歡拼裝的玩具，喜歡研究電腦和其他一些家電的構造，喜歡照著圖片畫畫，喜歡音樂、喜歡踢足球等等。

長大後，我常常在想，我是否有一些天賦或潛能，是我自己到現在都不知道的。比如一個不會游泳的人，也許他並不會知道，如果他有機會練習游泳，他將會是一個很有游泳天賦的人。比如一個內向的、不愛說話的人，也許他並不會知道，如果他好好練習唱歌，他將會在舞臺上令所有人驚嘆。或者拿我自己來說，如果小的時候專注於自己的某個愛好，並一直堅持下來，現在的我會不會有一些不一樣。但沒有如果，很多人的潛能或長處，也許一輩子都不會被發掘出來，而他也不會知道自己有這樣的潛力。

時間一天天的過著，我和身邊的很多朋友一樣，從讀書到畢業再到工作，並沒有太大的波瀾，談不上成功，但也不算很失敗。像一碗端平的水，泛不起什麼波瀾，更不知道自己的潛力和天賦究竟是什麼。

杭州亞運會，被 15 歲就奪得滑板冠軍的陳燁圈粉。這位從小就對滑板運動展示出極大的天賦與熱情的少年，成為了年輕的亞運冠軍。而他的父親為了支持他的愛好與夢想，甚至開了滑板店和滑板場，以為了孩子可以更好地練習滑板。

這個故事讓我啟發最深的，並不是追求夢想到實現夢想的魅力本身。而是一個父親，可以從孩子的童年開始，就無條件地支持孩子的熱愛。而不會責怪孩子，指責他沒有用功讀書，甚至讓他放棄滑板，不斷地去學習書本知識，教育孩子要把更多的時間花在學校的功課上。

試著如果把時間拉回二十年前，我和我的爸媽說，我想學滑板或是其它的什麼興趣愛好。我的父母一定會和我說，你應該先想辦法把成績和排名提高，考上一所好的中學，再考慮其它的。可即便我考上了中學，他們也會說，現在你最關鍵的是高考，等你考上大學，時間就多了，再考慮其它的事情吧。

想起我小的時候，我喜歡玩很多手工拼裝的玩具、踢足球等。最開始的我擁有著和其他孩子一樣的求知欲和好奇心，可我並沒有什麼時間去做自己特別喜歡的事情，尤其是一些課外的事物。有時候問爸媽一些學習以外的知識，例如運動、動物、宇宙等這些問題的時候，父母會反問我，為什麼要知道這些稀奇的問題，有這個時間應該多去做兩套數學卷子。所以我並沒有機會選擇自己的愛好，父母也沒有努力去發掘我的潛能是什麼。也許是看其他的孩子都去學習了一門才藝，媽媽送我去學習了我並不感興趣的毛筆字，而學的理由僅僅是覺得我爸爸的字寫得不好看，不希望我寫字也這樣。

這樣想起來，我的童年還是稍顯寡淡乏味了些，沒有獲得足夠的鬆弛感。考試考得好，父母才會帶我去飯店吃想吃的美食，成績一直穩定在前列才可能有機會去其他城市旅遊，旅遊的時候還得帶上作業，生怕放鬆幾天導致學習退步。而在平時，作業不僅得做完，還得聽父母的話，做完他們要求的課外作業，才有可能獲得兩個小時出門和小夥伴踢球的時間。而對學習書本功課沒有太多天賦的我來說，有的時候寫完作業已經是十一二點，疲憊得只想倒頭就睡。

這樣一天天地過著，即便一路坎坷，但還是走完了小學到大學的旅途，成為了父母眼中"走正道"的、懂事的孩子。可當我再想起很多曾經在童年想做的事情，似乎在離我漸行漸遠，而我的熱愛、熱情以及好奇心也在成長中逐漸地消退。

於是，我會去思考，如果有一天我成為了父母，我是否會給予孩子更大的包容度，擁有更好的共情能力，以幫助孩子更好地追尋自己的熱愛、找尋自己的天賦。也許我會帶著孩子盡可能多的去體驗不同的愛好，盡可能多的讓他／她體驗不同的運動，盡可能多的去觀察他／她真正感興趣且願意盡全力堅持下來的事物。追求熱愛的結果，可能不會達到希望的預期，也可能因為一些原因中途放棄，那我也希望他／她能夠享受追求熱愛的這一段過程。當他／她長大了，回憶起這段歲月，父母有無條件地支持過。給他／她有一段珍貴的童年記憶，我希望我可以做到。

而對於我的父母，我並不責怪他們，我相信在那個年代的他們，已經努力用了他們所能給到的，最好的認知和資源去培養我，我不能站在現在的角度去評判那個時候年輕的他們，這對他們來說當然不公平。第一次做父母的他們，也在教育我的旅程中不斷地成長，努力和我產生共情，給予我他們所能給到的最好的教育。況且對於 90 年代的他們來說，走一條少有人走的路總是充滿未知的，大多數人走的路看上去總是最有安全感的。

對大多數的我們來說，如果我們在對一件事物抱有最大熱情與熱愛的年齡，沒有機會去觸碰它，那即便長大後的我們有足夠的時間和經濟基礎去將它撿起，可能也很難再有年少時的好奇感與執著，想想不免會覺得有些可惜。

02

2014 年的下半年，我還在澳大利亞留學。

一起學習的朋友不僅來自五湖四海，而且年齡的跨度也很大，有像我一樣當時二十出頭的，也有四十多歲飽經社會閱歷的同學。

上課間隙休息的時候，和同學聊一聊為什麼要來讀研究生。有的同學會和我說，他們來留學是為了突破自己的瓶頸，打破一些原有的思維局限，更好地認識自我、豐富自己。

一開始，那時候 22 歲的自己並不能完全明白這些話的意思，只是覺得聽著很有道理。

但很快，我迎來了一個對我來說很困難的作業：脫稿演講。

這可讓我遇到難事了，我覺得對著很多人說話本來就是我非常不擅長的事情，我會感到尷尬、慌張、不夠自信，而且還要用全英文來演講，演講後可能還要面對同學對我的提問。但是，也沒有什麼辦法和退路，只能好好地去準備。

一周的時間，我幾乎每一天都努力地對著鏡子練習、準備，把演講的稿子背了一遍又一遍。可當我真的上臺講的時候，我還是講得斷斷續續，眼神躲閃著，語速不由自主地加快，似乎希望早點下來，而演講後同學對我的提問更是讓我的心提到了嗓子眼。

第一次全英文的脫稿演講，講得不是很好，老師點出了我在演講中的很多問題，但也給了我很大的肯定，不斷地鼓勵我以後一定可以講得更好。

後來，經歷了很多次的演講，也不得不去準備、積極面對。

一次、兩次、三次、四次、五次...似乎越來越沒有那麼緊張，越來越從容淡定，也取得了越來越好的分數。

直到 2015 年的一天，同樣也是演講，我發現我自己居然可以自信地講半個小時，而且一點也不緊張，覺得很開心也很幸運，有這樣的機會可以和同學分享自己的學習與思考。

對於我這樣一個偏內向、不愛說話、從小上課不敢舉手回答問題、老師課堂問問題害怕被叫到的人來說，在研究生階段來到澳洲留學，居然可以用英文自信從容地演講、開心地分享著自己的觀點，回頭想想，也感覺是件蠻驚奇的事情。

這件事給了我不小的啟示，給予我一種重新認識自己的感受。有時候自認為自己不擅長、且從未怎麼嘗試過的事情，在迫不得已、不得不去嘗試的時候，選擇咬著牙堅持了下來，也許就會有意外的收穫，而這樣的收穫很可能就是自己未曾發現或本以為不可能實現的潛能。所以後來想想，有時候還是給自己設限了，在一開始嘗試之前，覺得自己不夠優秀，覺得自己做起來一定會很吃力，覺得自己天生內斂不適合做這樣的事。但堅持下來多嘗試幾次後，卻可以收穫一個不一樣的自己。

不輕易給自己下定義，你所以為自己的擅長與不擅長，有時候只是一種粗略的感覺和印象罷了，不去試試，也許你從未瞭解到最真實的那個自己。

03

每個人都有或多或少的天賦，但能夠清楚知曉自己天賦的人，其實並不多。

剛畢業的時候，和很多人一樣，不知道自己想做什麼、擅長做什麼、可以做什麼，父母的想法和朋友的建議佔據了很多主導的思緒。

　　久而久之，每天做著差不多的事情，似乎被生活磨平了棱角，不知道如何去展示自己，如何去跳得更高，飛得更遠。千篇一律的生活，隨著慣性一直往前走，勤勤懇懇、忙忙碌碌卻感覺很無趣，似乎和自己想要的生活漸行漸遠。

　　所以工作後的我們，如果想要發掘自身的潛能，就需要時間、需要等待、需要努力，需要一些運氣，需要給自己鼓勵等等，這當然不會容易，但不嘗試又怎麼知道呢。

　　首先，我們有必要更多地傾聽自己內心真實的聲音，不用太過害怕和別人不一樣。就像上學的時候，親戚和家人經常會給我們設定一些目標，比如希望你長大後，要考上一個好大學，然後做一個醫生、老師等等。而進入社會後，似乎就是一系列世俗標準的敲打，比如你這麼好的工作為什麼要辭職、為什麼還不談戀愛準備結婚、為什麼還不辦婚禮、為什麼工作幾年都沒有升職加薪、為什麼不留在父母身邊而要去外地發展等等。

　　我們需要跳脫出一些所謂的設定和框架，不能讓此類的"標準"，成為我們找尋自己的阻礙，多花時間去努力地想想自己究竟想做什麼、想要什麼樣的生活等等。

　　同時，在有選擇性地拋開這些所謂的設定和框架後，我們可以寫下無論是現在、還是童年時期，那些我所能想到的想做的事情、比較容易專注的事情、遺憾沒有做成的事情、感興趣的愛好等等。並且也寫下成長以來，有哪些事情曾經讓自己收穫過小小的成就感。

　　如果幸運的話，也許就會收穫一些新的思路、新的目標、新的希望嘗試的事物等等。

　　但是，在努力去嘗試新鮮事物的時候，可能我們已經不再是少年。是的，一旦離開校園步入職場，再去抽時間學習新鮮的東西，困難程度就會成倍地增長。但有時候做起來艱難且充滿阻礙的事情，反而很可能在困難和逆境中豁然開朗，找到自己在過程裏所發揮出的閃光點、處理問題的長處等等。

一些讓我們覺得比較沈重或是很難做好的事情，有時候就像彈簧一樣，在一開始雖然讓我們感到緊繃、束手束腳，但一旦我們找到方法並得以堅持，也許就會迸發出不可思議的能量。就像你準備畫一幅畫，一開始因為你沒有太多的繪畫基礎，會覺得很難、很耗時間，可思來想去，你還是很想挑戰一下、嘗試一下，於是整個下午你都在全身心地學習畫畫。幾個小時之後，當你最終畫完這幅畫的時候，才發現自己竟然完成得很不錯。所以，生活裏面對一些看似不擅長的事情，不必第一時間抱怨，這往往也是對自己有更多瞭解的一個機會，在磨礪中找尋自己的答案。

如果有一天，我們發現自己的天賦只是可以沉下心做做菜、養養花之類，也不必感到失望，給自己多一些鼓勵和讚揚，擅長的事情並沒有高低貴賤之分，你可以在一件事上面做到專注，本就配得上肯定與讚美。

但如果我們花了不少時間，還是無法找到自己的天賦所在，那也要抱著快樂的心態去迎接每一天，快樂地去嘗試自己願意做的事情，不計結果、目的。慢慢走、慢慢看，哪怕暫時還是沒有發現，我們也可以先做一些能讓自己感到愉悅的事情，比如去旅行、去運動、看日落等等。

不用著急，慢慢來，不必要求自己一下子就可以跑得多快，進步多大，有多麼的不一樣。有時候等待也是一種安排，在快樂裏等待，每個人的花期都各不相同，不必焦慮別人提前擁有。

願每一個年齡的我們，都可以奔走在自己的熱愛裏。

並非每件事都需要意義

01

在做一件事情之前，我們總是習慣性地去把這件事賦予一個意義。比如，

好好學習，是為了考上好的大學。

努力工作，是為了賺取更多的金錢。

經常運動，是為了強身健體。

出去旅遊，是為了打卡拍照、放鬆自己。

對自己的伴侶好，是為了婚姻更加的和諧穩定。

和一個人好好談心，是為了對方能夠領悟或是有所改變。

以上的等等，看上去，這些所追求的意義和結果，好像都沒有什麼問題。

我們做一件事情，會很習慣地賦予一個意義。因為這樣做，我們會有安全感，會覺得這件事可以有所收穫，這樣我們投入在這件事情上的時間和努力才是值得的。

但是，真實的生活裏，充滿著各種不確定，充滿著世事無常、分道揚鑣、無功而返。

一對父母責怪自己的孩子，為什麼在學習上給你花了那麼多錢，每天陪著你做作業，你的成績卻還是那麼差，為什麼別人家的孩子就不需要父母那麼操心。當父母說出這樣的話的時候，就很容易看出，父母之所以花錢、陪孩子做作業，是因為

他們覺得這樣做，就可以得到孩子成績提升這樣的意義，而一旦沒有得到他們期待的意義和結果，他們就會沮喪、困惑、焦躁。

所以，生活裏面對一些大小事，不妨輕鬆一點，抱著一顆平常心，努力接受生活賦予我們的一切。

接受平時的學習成績很優異，卻沒能考上理想大學的不圓滿。

接受讀了一個原本看好的專業，卻在畢業後沒能立即找到對口工作的沮喪。

接受向著一個目標努力前行，卻事與願違的遺憾。

怎麼看待意義？有些在事業上獲得成功的人，他們講述著勵志的奮鬥故事，最終實現了夢想，我們會認為實現夢想就是努力的意義所在。但是，當平凡的我們也去樹立一個偉大的夢想或目標，來作為奮鬥意義的時候，我們也許會發現非常吃力，且再怎麼努力，好像也離目標相距甚遠。

所以，有些時候，即便我們賦予了一件事情重要的意義所在，但事情的發展也將使我們不得不面對已經逐漸找不到意義的事實。這個時候，我們需要從過程中總結，承認自己在做一些事情上的局限性、沒有考慮到的地方等等，也明白別人所取得的意義不是我們每個人都可以觸及的，以幫助我們在下一次的前行中，做好對結果可能會不盡如人意的準備，享受追求的這一過程。

心態的不同，把每一個追求目標和意義的人，刻畫成了不同的樣子。從結果為角度出發，我們大多都是普通人，大多都沒有實現童年的夢想，大多在柴米油鹽中度過平凡而充實的每一天。面對未曾實現的目標，有些人樂觀接受，享受當下。有些人卻認為自己走錯了很多路，導致自己沒有找到一些想要的意義，在鬱悶中度日。

調整好自己的心態，在思考中，好好與自己對話，讓自己放鬆下來。

認識到，有些時間，就是用來揮霍的。

認識到，有些彎路，是註定要走的。

認識到，有些想要追求的意義，是註定無法得償所願的。

生命的旅程中，我們無法極致地利用好生命裏的每一分、每一秒，有太多無法控制的事情在發生，有太多事物註定沒有辦法得到。既然都已如此不易，還要在很多事情上強加一個意義，那豈不是太沒有鬆弛感了。

有些情況下，過於追求一件事情的意義，就會束縛住我們的思維，忽視了享受這件事情的本身。

想去讀一本小說，那就隨性閱讀，讀不下去可以放在一邊，讀完了也不必非得有個思考。

想去看一場電影，那就享受其中，不去想電影裏的橋段，會給自己帶來什麼感悟。

想學一個新的愛好，那就學起來，不去想會不會花了時間，以後卻不能給自己帶來什麼實際利益。

想要提升學歷，那就開始準備起來，不去想如果讀完書畢了業，可不可以馬上就看到回報。

一些意義，在努力後，經歷後，往往不藏於結局的圓滿。而藏在後知後覺的感悟裏，藏在不經意的過程裏，藏在每一次驚喜的體驗中，藏在沿路的風景裏。而有些意義，即便暫時無法被找到，我們也接受，以平和的心去看待時間的流逝，享受平淡而又純粹的美好。

02

如果一定要認定每件事情都是有意義的存在，那可以說，也許每件事情都有意義，但不可能每件事情都可以收穫你想擁有的那種意義。

努力學習，也許可以學習到更多的知識、養成良好的學習習慣，但不一定可以收穫考取高分、考取理想大學的意義。

努力工作，也許可以收穫更多的職場經驗，提升自己應對工作的能力，但不一定可以收穫升職加薪的意義。

努力追求夢想，也許可以收穫堅持不懈的品質，在追求的過程中收穫很多的感悟，但不一定可以收穫夢想成真的意義。

意義的賦予來自於我們，花多大的代價和成本去追求意義，也取決於我們。

對一些人來說，當一些事被賦予了意義之後，會讓他們的生活充滿著動力，以當做目標去督促自己、鼓勵自己。不管是否能夠得到自己想要的目標和意義，他們都可以享受追求目標的過程，對任何結果，可以有一個強大而樂觀的心態去面對。所以在他們看來，通常賦予意義是一件積極的事情。

而對於一些安全感不足的人來說，不確定做一件事情的性價比高不高，值不值得去做，所以為了緩解內心不確定的情緒，就對做一件事情強加了一個意義，因為只有這樣，做起來才會心安理得。

一旦付出了很多的努力來追求目標，內心就會非常渴望心想事成。但因為不確定是否能夠取得想要的結果，就會想要盲目地控制一切，來幫助自己達到目標，獲得自己想要的意義。

他們在做選擇時，也總會希望自己可以做出最好的、最有意義的選擇，覺得只有每次做出最有意義的決定，才會內心安寧，才會感覺有價值。

但這樣真的就可以心安嗎？也許，對於一個非常在乎做事情要有意義的人來說，當他在做一個選擇時，就會容易陷入漫長的糾結和權衡，權衡什麼樣的決定才是最有意義的，最容易取得收穫與回報的。而在這樣的糾結中不斷地比較意義，那即使最終做出了選擇，也會在遇到不順心的時候，去美化那條未曾選擇的路，覺得自己沒有選擇的那條路是最優的。不斷暗示自己，那些錯過的、未曾經歷的，可能才是更有意義的，這樣無助的情緒不斷在滋生，導致對不確定性的接受能力越來越弱、對當下生活愈發地不滿意。

回歸生活，我們會發現，生活充滿著太多我們無法左右、無法預料的事情，而這些事情在我們的人生旅途中，發生的頻率非常之高。

我們無法預料，一個學習上總是考高分的學生，就一定可以在社會上同樣優秀。

我們無法預料，勤勤懇懇地工作，卻可能會遇到工作上忽然的變動。

我們無法預料，即便當下你我是最熟悉的彼此，友情是否也會在時間裏變淡。

我們無法預料，你最心愛的伴侶，是否未來的有一天也會厭倦，希望離開你。

對平凡的我們來說，不得不承認，很多時候，我們的力量終歸是有限的。我們所期待的那些人和事，那些我們希望掌握的發展方向，並不會完完全全按照自己的期望發展，甚至有時候還會恰恰相反。

所以，盡最大的努力，也做好最壞的打算。考量一件事情的結果，我往往會考慮到最壞的結果，這並不是看低自己，或是不夠樂觀。而是允許自己有思想的局限性，允許自己可能在追求目標的路上有所失誤，允許事物的發展可能無法完全控制。而做好了這些允許的心理準備之後，在一些必要的事情上，放低一些自己的期待，也許就會有更好的心態去面對各種挫折與選擇。

同時，生活的經驗也告訴我們，我們不可能記起生活裏發生過的所有事情，這就已經說明不可能任何事情都會被賦予很重要的意義。而那些能讓你記很久的事情，並不一定只有金榜題名、婚禮之日、獲得成就等等，還包括那些曾經看似不經意的、似乎沒有什麼太大意義的小事，比如吃過的一頓好吃的飯、看過一次絕美的日落、踢過一次暢快的足球等，這些開心的體驗，又何嘗不是我們生命意義裏重要的拼圖？

走好自己的路，一些別人定義下的意義，不可能適合我們每個人都去追求。我們覺得有意義的事，也不一定在分享給他人後，就能給予心靈上的觸動或共鳴。所以，找到自己喜歡的方式去生活，順其自然。好的結果，當作意義的收穫。不完美的結果，也當作對自己生活的提示和督促。接納不完美的自己，也接納生活中很多的不受控，更接受那些找不到意義的時刻。只有接受，才能更好地提升生活的滿足感，更從容地面對生命中的苦與樂。

那麼 "乖" ，卻又那麼累

幾個月前，回了趟老家，終於有機會可以和幾個朋友見面聊聊。話題圍繞著育兒、工作、生活、感情。聊了一圈下來，似乎大家都有著不同程度的焦慮和迷茫。

詫異的是，一些焦慮和迷茫的朋友，大多人生活的條件還算不錯，工作穩定，有房有車，也不太需要為了柴米油鹽發愁。細聊下來，他們有一個共同的特點，就是希望當下的生活狀態能有所調整，但又太過於顧及父母和身邊人的想法。

有朋友想換掉目前看似穩定的工作，但怕家人不理解他。

有朋友想去外地發展，但怕讓父母失望、擔憂。

有朋友想離婚，但怕家人丟面子，怕被親戚朋友看笑話。

有朋友想辭職出去旅遊，但怕被家人說不好好工作，亂花錢。

…

童年時候的他們，就是被很多家長所羨慕的，別人家的乖孩子。無論是學習上還是生活上，父母大大小小的要求與安排，他們願意聽話且大多可以完成得很好。正因為這樣，他們獲得了很多來自父母和其他親戚朋友的讚揚。這些讚揚聽著很悅耳，但時間久了，卻成為了一種習慣性的追求，對別人的誇讚和肯定變得越來越執著。

而一旦長期習慣於這些肯定的言語，就很容易放棄思考自己內心真正想要的是什麼，甚至放棄了自己本就不多的愛好，只為了取悅我們在意的人。

隨著年齡的增長，一切都在變化，在忽視了自身進步、長輩思想逐漸局限的情況下，當選什麼樣的專業、找什麼樣的工作、適合什麼樣的伴侶、去哪個城市工作等等現實問題接踵而至，卻還是會因為在乎身邊人的眼光，而將決定權習慣性地交出去，以這樣的方式，繼續為自己在家人和親戚朋友心中的滿意度充值。

可是，這樣真的會一直快樂下去嗎？對一個在乎別人肯定與讚美的人來說，即使他交出了很多事情的決定權，他也無法讓所有人滿意。年齡的逐漸增大，他會發現，無論他做得再好，總有人不喜歡他。一些事情，無論他再怎麼解釋，也總會被身邊的人不理解。

精心挑選的衣服，再怎麼好看，原來也會被一些人指指點點。

工作做的再好、再勤奮，原來也會被老闆批評。

對一個人再好、再無微不至，原來也會被無視、錯付。

一個人本就不喜歡你，你再怎麼證明你不是他想的那樣，原來也是無濟於事。

終究會在別人的眼光與評價中迷失了自己。心就像一個籃子，那個包容到可以裝下所有身邊人感受的你，卻忘了沉下心，好好裝下自己想要的興趣、願望、目標等等。一個本該更愛自己的你，卻對別人看法與眼光的重視程度，大大超越了對自己想法的重視。

生活中的壓抑情緒，很多也正來源於此。能夠讓身邊人認可、滿意，當時的自己也許會很開心，但這樣的開心可能並不持久，一顆不斷妥協的心，始終壓制著一個最真實的自己。壓抑一步步填滿自己的情緒，你都無法預料哪一天這些負面能量就會一下子噴湧而出，可能當這些負面能量逐漸平息之後，你才會漸漸明白，要學會為自己考慮，要學會懂得說不，要學會傾聽自己內心的聲音，要學會追逐自己真正想要的。

不用活給別人看，不用為了他人的滿意，讓自己委屈、難受，我們都要更加愛自己。當我們認識到這些問題所在，想要改變的時候，那對我們來說就是一個新的起點。這個時候需要做的，並不是要求自己效仿身邊“優秀”的、“成功”的人，以一種他人的高標準去要求自己。我們要做的，是無論別人怎麼評價、怎麼質疑，怎麼不理解你的安排，都依然認可自己在某些方面的價值，並專注於自己的生活節奏，不讓自己的內心被他人的“標準”和觀點所影響。

生活終歸是自己過的，如果你希望離開自己的舒適圈，甚至去另一個城市生活，那是你自己的選擇，不必在乎別人說你是否聽話、不理解你為什麼要離開家鄉之類的言語。

但如果你感覺生活很累，想休息一段時間。你希望在辭職後，每天在家看看電視、一覺睡到中午、吃點自己愛吃的，那也是你自己的選擇，同樣不必在乎別人說你是否上進、別的年輕人有多優秀之類的話。

學會接受，慢慢接受，接受那些不認同，接受自己錯過的人和事，接受那些批評，接受自己在意的人可能會因此失望。這需要時間，需要過程，需要領悟，但也只有接受了，才能做到更勇敢地表達自己。

孤獨也是種愜意的享受

01

幾年前，一個很普通的工作日。在下班的路上，我和同事聊著有哪些值得去吃的美食，有一個同事說，某家的火鍋特別好吃，非常值得去。

於是我隨口一說："這麼好吃？那我不如現在就去嘗嘗。"

同事大吃一驚："你難道一個人去吃火鍋？"

我說："有何不可？"

同事說："那陌生人看著你，你不覺得尷尬麼，能吃得好嗎？"

下班的路上，驚訝地意識到，一些看似簡單的舉動，在別人眼裏可能並不是那麼容易做到的。已經記不清是從什麼時候起，我開始享受很多一個人的時刻，能夠逐漸輕鬆地駕馭孤獨感，但似乎已經蠻久。

除了愛一個人品嘗美食，還喜歡一個人旅行、一個人去遊樂場等等。這些看上去似乎很孤獨的事情，我卻玩得不亦樂乎。當我一個人的時候，吃頓美味的火鍋，我不需要在乎其他人愛吃什麼，某個愛吃的菜品我點三四份都可以。遊樂場的狂歡，我不需要在乎其他人愛玩什麼遊樂項目，某個自己愛玩的項目我重複玩上一天都可以。一次有趣的旅行，我不需要在乎其他人想怎麼玩，一個愜意的午後在酒店睡到傍晚都會很開心。

回頭想想為什麼自己會有這樣的狀態，可能是經歷了一些事、受了一些傷、看清了生活裏的很多無奈後，才發現很多事可以依靠的、能夠幫助自己樂觀起來的人，還得是自己。

對我而言，那些享受孤獨的時刻，並不是排斥交際，特意要把自己的內心給封閉起來。而是隨著年齡和思想的愈加成熟，考慮事情愈加全面之後，發現遇到同頻的朋友，著實是一件可遇不可求的事情。同時，在安靜的時候，我才得以專注地思考歷經不同事情後的感悟，逐漸找到一套適合自己的想法體系。

年少時候，我們害怕孤獨和寂寞，害怕自己沒有朋友，害怕朋友不認可、不願意與我們走近，會覺得有很多朋友經常性的陪伴，那才是常態，那才是快樂，那才是生活。

長大後，我們的生活依然離不開朋友的陪伴。尤其是學生時代後，還能留在我們身邊的朋友，是非常珍貴的，我們不僅與他們分享生活裏的喜怒哀樂，還會在交流中獲取新的思維角度和處事方式，帶動著想法的跳躍，讓我們在一些事情的思考上，不至於過於局限。

但是，隨著年齡和閱歷的增加，雖然通訊錄裏的朋友越來越多，但真正能夠叫出來聊聊心裏話的朋友，卻是少之又少。於是，孤單的我們，為了緩解孤單的心情，可能會去參加一些並不熟悉的飯局、聚會等，希望能幫助自己多認識一些知心朋友。可往往到最後還是會發現，那些推杯換盞的熱鬧、燈紅酒綠的喧囂，帶來的滿足感都是短暫的、浮於表面的，依然映照著內心的空虛與無力，孤獨感絲毫未減。

到這裏，突然發現，長大後遇到的很多人，總是有著天然的距離感。那些推心置腹的言語，並不是與誰都可以分享的，與其與不熟悉的他人將就地相處，以換來表面上的不孤獨，不如把時間多用來與自己對話。

給自己一個安靜的空間，以一顆平和的心，讓自己放鬆下來，思考自己想要什麼、從不同經歷中得到了什麼，慢慢地感受悲歡冷暖，感受生活的點滴美好，感受放鬆時刻的寧靜。

享受孤獨的時光，聽著美好，但做起來卻相當不容易，註定要在孤獨成長的過程中歷經風雨。

一路走來，人生需要獨自面對的事情實在是太多了。年輕的你，會認為遇到事情是可以依賴家人、依賴朋友的。是的，他們當然會給我們一些幫助和建議，但真正解決問題、做出決定的那個人，只有自己。

我們需要獨自做出決定，哪怕在這之前我們已經聽取了太多人的建議。

我們需要獨自面對生命裏的無奈、悲傷、分別，哪怕有些困難真的會讓我們難過很久。

我們需要獨自面對追求目標的過程，哪怕堅持起來，是那麼地苦悶且容易放棄。

我們還需要獨自面對心理上的療愈，哪怕遇到挫折時，已經和很多朋友傾訴過。

有時候，當遇到生活裏每一次的低谷、每一次的委屈、每一次的迷茫，我們會習慣性想依賴一個自己信任的人，以期待他能夠幫助到自己。可最終會發現，沒有人可以完完全全感受到你的處境，無論一件事情是畫上句號，還是依然糾結其中，都需要自己當時的心態和智慧來給出答案。在這樣的情況下，與其對朋友很難全面地理解你表示無奈，不如多花時間去感受自己想要的是什麼，實實在在地對自己負責、給自己做規劃，比任何他人的言語和建議，都要來的更有用。

02

通常，孤獨感這個詞語，聽上去就會有一種無助且無力的感覺。

但無論喜歡或是不喜歡，習慣或是不習慣，在人生的長河裏，孤獨感都會經常性地伴隨我們。所以，既然孤獨無法避免，不妨靜下來想一想，孤獨究竟可以帶給我們什麼積極作用？

孤獨可以讓我們遠離一些不必要的紛擾，多花時間塑造自我的想法、認知。

通常來說，因為害怕孤單，我們會嘗試去融入一些圈子。在有些圈子，會有種相見恨晚的感覺。在這樣的圈子，可以結交到更多同頻的朋友，找到一些認可和支持我們的人，彼此分享各自的經歷與感受，讓我們的生活更加地豐盛。

而在有些圈子，看似熱鬧的環境，可內心的孤獨感卻依然無處安放。在無奈中逐漸認識到，不能融入且強行融入只會讓自己更難受，還不如學會擁抱自己，多花時間與自己好好相處。所以，不必強求自己一定要交到幾個好朋友，更不必強求別人來把我們當成好朋友，懂得與自己對話，明白自己才是最好的依賴。

同時，我們可能也會因為生活忙碌、心態變化等原因，不得不告別一些友情、戀情。當我們逐漸看清人生裏很多友情和愛情的階段性、看清有時候我們只是別人的無關緊要後，孤獨將會幫助我們回避一些不必要的紛紛擾擾，回避一些外在的雜念，學會讓自己慢慢感受生活裏的點滴幸福，感受深入思考並啟發自己的過程，感受那些自己才可以賦予自己的快樂。

一個人安靜下來後，才得以有時間，在不斷地回顧與反思中，思考自己有哪些潛能是沒有發掘的，哪些心態是依然需要調整的，哪些目標是值得去努力的。把一個人的時間，看作又一次探索自己內心、嘗試體驗不同事物的時間窗口，發掘更深層次的自我需求，從而在認識自我的道路上越來越清晰。

孤獨給予我們磨礪，使我們更勇敢、更自信。

總有一些事情我們想做，但又不被身邊大多數人所認可。

有時候，當我們通過獨自思考，進而設定了一個目標後，會發現這個目標，在我們生活的圈子裏，鮮有人觸及。在這樣的前提下，受到的阻力就會自然而然地出現，面對再熟悉不過的親人和朋友，你會發現，無論你多麼努力地去解釋，他們都沒有辦法理解你。

想學習自己感興趣的專業，被質疑為什麼要學，以後真的用的到嗎？

想去大城市發展，被質疑為什麼要離開家，父母養你那麼大對得起父母嗎？

想去留學，被質疑為什麼要留學，還要花那麼多錢，難道以後真的賺得回來嗎？

想換工作，被質疑為什麼要折騰，難道跳槽就能找到更好的工作？

被質疑的你，之所以孤獨，正是說明你的很多想法和身邊的大多數人並不一樣，有自己的獨特性，這當然不是什麼羞恥的事。只是，一件對你來說積極且上進的事情，當遇到不認可、不理解，且願意與你同行的朋友很少，你卻依然希望堅持下去的時候，那就註定要孤獨面對。

邁過這些孤獨的日子，無論結果是好是壞，相信都可以讓我們更堅韌、更自信。當可以獨自前行之日，也便是成長之時。正因為那些孤獨的決定是我們做出的，所以那些結果也是由我們自己承擔著。而承受這些，其實都在激發著內心的勇氣與力量，慢慢煉就自己，成為一個自信且可以獨自做出決定的人。

保持一個樂觀的心態，縱使困難重重，也學會為自己閃耀。路要學會自己走，追求自己想要的事情，也許就是孤獨的。不必害怕自己和別人不一樣，不必害怕沒有很多人願意與你同行。把每一天過得充實，學會一個人面對選擇、挑戰、結果，在自己的熱愛裏，勇敢地邁開步伐吧。

努力的征途，為那個孤獨追求目標的自己，點一盞燈，這盞燈叫勇敢和自信，照亮此刻的心情，更照亮未來的前路。

孤獨可以提升專注力，賦予我們更多自我獨立創造的空間。

十年前，為了留學，在備考雅思的時候，我會經常去大學的圖書館自習。

每次來到圖書館，都會感受到在這裏學習，比在家的時候，更容易沉下心。在家我總是想玩玩手機，躺一躺，看看電視什麼的。而在這裏，總能讓我感受到一種積極上進的氛圍，好像時刻都在勉勵著我，要向著自己的目標努力。

在圖書館，安靜地坐在桌前，無論是沉浸在書本的世界，還是寫下自己做題的方法等等，這些都將幫助我深化對知識的理解，心無旁騖地思考適合自己學習的方法，以提升自己學習的效率。

抬頭看著身邊在圖書館學習的同學，有人在認真閱讀、有人在埋頭寫作、有人在默默做題。雖然我們大家都坐在同一個圖書館，可互不認識的每一個人又像是孤獨的個體，也許我們都在這裡探索到適合自己的獨處方式，並感受到了只屬於自己的充實與專注。

仔細想想，一個人的時刻，我們可以專注地做很多感興趣的事情，比如做飯、閱讀、寫作等等，這不僅讓我們可以沉浸於獨屬於自己的思想世界，回避了很多干擾我們獨自探索的負面因素，還給了我們獨立創造的時間和空間，使我們可以有機會認識到內心深處的潛能與力量。

一個人安靜寫作的時候，也許就是靈感爆棚、文思泉湧的時機。

一個人做飯的時候，也許就是創造出一道新式美味佳餚的時機。

一個人學習知識的時候，也許就是提升學習效率、獲知新的學習感悟的時機。

一個人練習樂器的時候，也許就是開發出自己又一個潛能與愛好的時機。

孤獨常伴左右，但在孤獨中專注於自己想要，為生活增添創造力，是一件極具成就感的事情。生活需要不同的色彩，才不會單調乏味，孤獨既為我們享受生活中的點滴美好提供了時間空間，又可以為自己開發出新的思考，這樣的孤獨感何嘗又不是自我進步的機遇呢。

而對一些人來說，孤獨的狀態也是一種治癒。

難過、悲傷的時候，我經常很容易就會說出這樣的一句話："給我點空間，讓我一個人靜一靜。"有時候這不是逃避，而是對於自我的療愈。

看過一個故事，一個女生，30 歲左右，因為還沒有結婚，所以家人覺得她不結婚很丟人、很自私、很不負責任，經常責怪她。不斷地告訴她，誰誰誰家的孩子，早就結婚了，就你不省心。在負能量的言語中，她發現自己還沒有強大到可以很好地面對這些言語，她每一天都想要擁有屬於自己的空間。於是，她想換一種生活方式，暫時性地換一個圈子生活。

終於，她決定拿著自己的積蓄出國留學，一個人拖著沈重的行李箱，來到大洋彼岸。離開了熟悉的家人朋友，一個人來到一個未知的新環境，那種孤獨感會一下子填滿思緒。

時間一天天的過著，對於她來說，雖然孤獨常在，但那些在圖書館獨自學習的日子，那些午後在草坪上閱讀的寧靜時光，那些學習新鮮知識並獲取成就感的時刻，當這些積極上進的每一天，逐漸成為她留學生活的主旋律時，她才發現，這些好像都在治癒著她，不僅幫助她塑造了更從容的心態，還幫助她減輕了來自家人的壓力。

人生漫漫，風風雨雨，總要經歷那些不得不獨自面對的時刻。孤獨並不可怕，即便一個人，也學會與自己好好相處、耐心傾聽自己內心的聲音。也許有一天會發現，我們通過自己的努力，已與過去的很多事情漸漸和解，還有了為自己選擇前路的底氣、有了為未來生活重新出發的信心。

邁過孤獨的時光，當你更瞭解自己是什麼樣的人、自己想要的究竟是什麼時，才會更明白未來的前路該怎麼走，在這條路上也將逐漸遇到合拍的人，越來越不孤獨地走下去。

趁還想，就多經歷不同吧

01

十五六歲上中學的時候，喜歡在課後之餘，在電腦上玩一些網路遊戲，身邊的一些同學朋友甚至痴迷於其中。

回憶起來，當時玩遊戲的時候，會在遊戲裏打開一張地圖，這張地圖會提示玩家現在在哪里，如果前往下個站點的時候玩家需要注意些什麼。但要去哪里，什麼時候該通往下一個目的地，由玩家自行決定。對於虛擬世界的求知與好奇，大多數玩家當然會盡可能多的在遊戲地圖裏走遍不同的地方，同時提升自己的裝備等等。

而在遊戲的虛擬世界裏，當真正出發前往目的地的道路上，我們可能會花很長的時間，不僅需要想辦法補充玩家體能，還需要打怪、做任務等等。只有完成了打怪、做任務、得到貴人指點等，才可以有機會在遊戲裏得到寶箱，而打開寶箱會得到盔甲、寶劍等等。

之後逐漸升級，升級後我們又會解鎖新的地圖、遇到更強大的玩家、對手、boss 等等。而當我們如果戰勝更強大的對手和 boss 的時候，我們也會獲得更高級的寶箱，有機會獲得更好的裝備等等。

當時只覺得遊戲很好玩，不斷打怪、升級、通關的過程也很有成就感，但並不知道很多遊戲裏的規則意味著什麼。可是當時間來到了今天，我不經意地發現，人生裏很多探索未知的過程，與遊戲裏的規則有著一定的相似度。遊戲中是否需要前往下一個目的地，這像極了我們生活裏面臨的一些選擇，我們應該留在原處，還是走向遠方，去面對一些新的挑戰。如果我們成功跨越了這些挑戰，會得到一些歷煉與感悟。

內心的堅韌、包容的心態、處理事情的從容等，就像"盔甲"。

而得到的信心、勇氣、繼續前行的動力等，就像"寶劍"。

如果我們想要多經歷一些不同，走出自己原本所在的"地圖"，就不可能都是一些可以預料的精彩事物。對未知的不確定、內心的不安感、遇到問題的解決能力等等，這些都是沒有辦法忽視的。但如何去面對在體驗未知中的挫折與難題，每個人卻表現得各不相同。

所以，遊戲只是給了我們一些表面上的理解，為我們提供了一些模擬的思路及考量。但回到生活中，如何面對挫折、如何做出選擇、如何消除不安等問題，該面對的還是需要自己去面對。這個時候起到作用的，往往就是經驗的累積。

見過的多了，經歷的多了，體驗的多了，就會像拼圖一樣，逐漸拼起專屬於我們自己的經驗與智慧。對一些未知事物的處理，就會在心裏有一些越來越清晰的指引，這些指引將幫助我們在未來的人生旅途，能夠靈活地調整思維方式，自信地做出決定，從而更加從容、不再畏首畏尾。

02

2022 年秋，我做出了一個重要的決定，來到香港。

就在幾年前，我還從未想到，我會有機會來到香港工作、生活，這個決定很突然，遭受到了很多來自身邊人的質疑，這也是我早就預料到的。

擁抱未知與不確定，不求別人的認可，也不求一定要取得什麼成績，只求無愧於當時的心中所想。在還算年輕的年齡，我還是想多經歷一些不一樣的事情，雖然一定會遇到一些未知的挑戰，但我願意把這些都看作是人生路上寶貴的閱歷。

來香港之前，我其實算是在一個自己的舒適圈內，有一份穩定的工作，身邊有同學朋友可以經常走動，更有對我無微不至的父母可以依賴，他們可以幫我考慮到很多事情。

但是，有時候我沒有安全感，我希望自己可以變得更獨立堅韌一些，也希望自己可以有更多不一樣的心態、技能、想法。每一天差不多的生活，讓找有種被束縛在一個固定的圈子，越來越找不到自身價值的感覺。感覺自己對很多事物的熱情與好奇都在下降，也遠不如幾年前剛畢業時候的自己那般上進、那般善於思考。

我開始想一個問題，這是否是曾經的我，所熱切期待的那個自己。

所以，我想換一個環境，看看能不能重拾曾經的勇敢、積極、好奇，給自己的生活帶來一些想要的改變。出發前，我把求職、租房、生活等大大小小的事情，逐個羅列，計算經濟成本的同時，也思考未來的自己將如何適應新的生活、新的職場、新的交際等等。

正如所預料的那樣，來到一個新的城市生活，我經歷了適應、挫折、迷茫等多種多樣的情緒與狀態，這些仿佛都是對我的磨礪與考驗。同時，我結識了來自不同地方的朋友，他們中的很多人也和我一樣，離開了自己原有的圈子，也在努力地嘗試找尋自己。我很幸運遇到他們，他們願意把不同的經歷和感受與我分享，聊天中他們的一些獨特的見解、多維度思考問題的方式，不僅讓我受益匪淺、打開眼界，也讓我意識到自己需要提升的地方還有很多。

　　換了一個城市生活，每一天的適應、新問題的解決、潛能的發掘，這些都不可能是唾手可得。時間的流逝，也在默默回饋我一些自己過去不曾擁有的特質。一個人的變化，有時候就是悄無聲息地來到。

　　那些來自工作與生活的種種壓力，越來越擅長獨自承受，而不是找他人分擔。

　　那些苦難與挫敗的遭遇，不再想要和他人細說，自己安慰自己就好，沒什麼大不了的。

　　那些不被理解的每一次決定，仍從容堅守，告訴自己，不被他人理解，是一種常態。

　　那些一次次的事與願違，原來內心早已做好了準備，從中獲取經驗，然後再次出發。

　　一年後，和老朋友的再次聊天。朋友說我變了，不僅一些想法可以打動到他，也發現我越來越不猶豫，能夠從容地為自己做決定。這時候，我才認識到，原來經歷賦予了我不一樣的成長。

　　很多情況下，我們試圖去體驗、改變，嘗試去換一個環境生活、工作，並不是因為對之前的工作有多不滿意，也不是因為不願面對身邊一些家人親戚的質疑等等，而是希望擁有不同的閱歷、視野，結識不一樣的人，有不一樣的領悟，這些都將會給生活提供新的滋潤，並成為人生路上珍貴的財富。

　　其實，我也曾經懷疑過自己的決定。有時候，當我和老家的朋友聊天之後，內心會有一些迷茫，他們住著更大的房子，有很多家人朋友的陪伴，有更熟悉的工作環境等等。而來到香港的我，則要忍受一些孤獨，在生活和工作的很多方面，我都需要慢慢學習。但後來想了想，也並不後悔，換一個環境生活，不就是希望多一些經歷，多尋找一些自我提升的可能性嗎？或許，在我迷茫的時候，他們也曾羨慕過我，能在三十歲依然擁有改變自己的勇氣。

來到一個不太熟悉的地方，可能並不會過得比以往更舒適，甚至會遇到很多不確定的因素。但是，當我們努力去租房、求職、生活、熟悉交通、適應飲食、不得不獨處的時候，這也是對自己適應能力的提升，逐漸克服對未知事物的恐懼，讓我們可以在不同的環境裏，更從容地處理生活的大小事，練就我們的獨立、創造力、堅韌、從容、果斷等等。

很多好的事情的發生，需要一個契機。在充滿未知的體驗中，看到了一個新的事物，做了一件新的事情，或是和新朋友的一次聊天，也許就會打破原來的一些思維限制，帶來全新的觀點與想像，讓自己有種被"點亮"的感覺。原來自己在過去思考的，一些未得到解答的問題，在新的環境、新的經歷中，讓我們豁然開朗，給了我們提示或是想要的答案。

03

剛畢業的時候，身邊一些同學頻繁地跳槽，有位同學告訴我說："一直換工作真的很沒有安全感，要是能找到一份穩定的工作就好了。"

幾年後，再次和這位同學聊天，他說："現在的工作很穩定，不再像以前剛畢業時候那樣，需要一直找工作，換來換去了。"

我說："那挺好啊，恭喜你收穫了穩定的工作，為你感到高興。"

朋友卻說："雖然工作穩定、收入穩定，但還是經常有些迷茫，感覺生活一成不變，比較乏味，每天沒有太多波瀾和新意可言。」

我說：「如果對現狀產生了一些厭倦，那也可以嘗試做出一些改變。如果你願意，可以繼續提升學歷，可以再換一個行業試試，反正你還年輕，完全可以為自己多創造一些可能性。」

朋友思考了一會兒，然後說：「現在工作穩定、收入穩定，如果做出改變，可能並沒有維持現狀更有安全感，而且萬一遇到挫折或是遇到令自己失望的事，那豈不是耽誤了時間與精力嗎？」

所以會發現，身邊的很多人即便對當下的生活並不滿意，也索性不再願意做出什麼改變。

想想也很正常，我們通常對未知、不確定或是不擅長的事情，會有一種本能的抗拒，這也是心理層面的一種自我保護。出於這種保護，就會常常問自己：「如果花了時間和精力，做出改變或是踏出了自己的舒適圈，萬一發現改變後的生活並沒有之前的生活更舒適，自己是否有足夠的勇氣來面對這一切呢？」

有些人，在一段時間的思考之後，內心還是有一個聲音對自己說：「多去經歷、多去感受不一樣的事情吧。」可是，當真正做出一些改變的時候，會發現依然困難重重，既不被身邊的人理解，很多想做的事情也需要從零開始。這些現實的情況，都給自己帶來了很大的心理壓力，以至於即使改變，也很容易早早放棄，不願意繼續為一個不確定的結果付出太多的代價。

其實，不妨換個角度想一想，與其說是擔心面對一個無法預料的未來，倒不如說我們太想要追求一個確定的結果，而忽視了經歷的本身就是一種收穫。從不同的經歷中，不斷地總結與反思，問問自己學會什麼、領悟什麼，這些都是專屬於我們自己的，是一生都可以受用的財富。

如果，結識過很多擁有不同想法的人，也許就會接觸到以前從未了解到的一些生活態度與價值觀，讓自己變得越來越謙卑，原來曾經誇耀的一些事，其實根本不算什麼。

如果，去過很多的地方，也許就會對世界的多樣性有更全面的認識。並且，在一次又一次的旅行中，每當面對一些未曾預料到的難題與考驗，都將提升自己獨立解決問題的能力，在這樣的經歷中感受個人的成長。

如果，嘗試過很多不同的興趣愛好，也許就會有所突破，在嘗試中找到改變自己的轉機，哪怕有些愛好的嘗試只是三分鐘熱度，說不定也可以在未來的某些時候，支撐起生活的乏味。

如果，經歷過痛徹的挫折與苦難，也許就會一夜成長。逆境逼迫著我們找到各種方法去面對、去總結、去釋懷，依靠自己的努力走出來，接納新的自己。讓未來的自己認識到，很多曾經以為過不去的坎，其實不值一提。

如果，征服過一件起初看起來很難完成的事情，也許就會擁有更強的堅韌與自信，在未來有能力奔赴更高的目標。

…

當以上的這些如果，成為生命中真實發生的故事，也許就會明白，原來擁抱過不一樣的風景，可以幫助自己更好地看清生活的全貌，樂觀而積極地走好每一個當下。

我身邊有很多的同學、朋友，他們既無法說服自己安於現狀，也無法說服自己真正地改變現狀。他們羨慕很多人能夠說走就走、說做就做，可當一些機會和選擇真正來到他們面前時，他們又會表現得很猶豫，或是直接說："等以後再說吧。"

在他們看來，一些動人的經歷都是別人的故事，在他這裏，雖然很想改變，但還沒有準備好去迎接一些新的體驗與變化。而到什麼時候才會真正準備好？等待有足夠的錢、有更多時間、有充足心理準備的時候？也許他們自己也並不清楚。

趁着還想，就多經歷不同吧，去看那些未曾見過的风景，去找尋那些未曾實現的願望，去感受那些未曾擁有過的情感。

猶豫之後，如果還是希望多一些經歷、多一些嘗試、多一些探索，那不妨行動起來，勇敢一點，畢竟未來的任何一天，不會比今天的自己更年輕了。

第二章 "不懂事"的自己

新年"不快樂"

見不得我們好的人,往往都是身邊人

常懷感恩,但勿過度感恩

"面子"與"比較"

理解之難,因為我們終歸不同

走出偏見,放下偏見

新年"不快樂"

01

可能，你一直無法理解一個問題。

戀愛、結婚、育兒、工作、收入、個人目標等等，這些完全屬於自己私人的問題，在過年回家的時候，為什麼有些親戚是那麼的關心？和他們沒有太大關聯的事情，為什麼他們還理直氣壯地指指點點？如果這些私人問題的試探，惹得你不高興了，為什麼還要求你做為晚輩得忍著點？

過年回家，聽上去是一句充滿溫情、倍感溫暖的話，可對於很多年輕人來說，卻可能是一年裏最"難熬"的七天。

"難熬"，是因為過年是難得的休息時間，好不容易想休息放鬆放鬆，卻在面對家人和親戚的時候，不得不需要應付他們的不理解與指指點點。很多年輕人，他們與家人親戚越來越難以溝通了，互相之間越來越難以理解彼此了。

拎著大包小包的東西回家，好不容易買到了回家的車票，幾經周折回到家，卻應付著完全不想面對的言語。

"你怎麼都沒買什麼禮物帶給你親戚？"

"你怎麼今年又一個人，沒帶個對象回來？"

"這些年你怎麼才賺這麼點錢？"

過年了，你難得回來一次，癱坐在家裏的沙發上，你自然而然地希望多一些放鬆、多一些體諒、多一些與家人彼此之間的關心。

可好像沒有人來關心你這一年累不累、在外地生活有什麼感受、回家後準備怎麼玩一玩、想吃什麼之類的問題。現實就是，一回來家人就要帶你馬不停蹄地走親戚，然後可能就開始面對各式各樣的攀比。比如問問晚輩考了多少分、今年小姨賺了多少錢、大爺二爺賺了多少錢、誰家的孩子升職加薪了、小姨的孩子考了多少分、親戚們的孩子又賺了多少錢、誰誰買了什麼車之類。面對這些毫無意義的攀比，你是感到非常厭煩的。

厭煩也就算了，畢竟和他們的思維觀念不同，也難得回來一次，心想忍忍吧！可坐上飯桌，當你面對著一些親戚、長輩，聽著他們說著一些誇張的話語，來宣傳著自己的事業成就、子女成就等等，你還是會感到很煎熬，可能你明明知道他們的一些真實情況是怎麼樣的，但還是得礙於面子，給彼此情面不能拆穿他。

看似熱鬧的團聚，其實在你看來，是沒多大意義的，甚至是會讓你想要逃離的。

這還沒完，飯桌上的一波攀比之後，有些親戚和長輩就開始"盤點"起來，看看有誰還沒結婚、還沒辦酒、還沒生孩子的，來指點一下、打壓批評一下。

如果你還沒有找到對象，就會像是催婚動員大會，七大姑八大姨都來介紹了，過年就可能被安排了好幾場的相親，如果不想接受這樣的安排，就會被說不懂事。

如果你說你不急，想先拼事業，把婚戀的事情放一放，那就可能會被說不孝、不省心，誰誰誰家早就結婚了，孩子都能到處跑了，你天天不知道在想什麼。

然後呢，如果有了對象，回老家就被各種問什麼時候結婚辦酒，怎麼還不把事給辦了，如果你說你不想辦，那你就會被扣上自私的帽子，指責你為什麼不考慮家人的感受。其實你也沒明白，明明這件事的主角是你，為啥他們每個人都要來指點幾句。

結了婚了，也辦了酒了，回老家就各種被問怎麼還沒生孩子，什麼時候生孩子。

生了孩子，又要開始對你教育孩子的方式方法評頭論足。

……

當這些被你當作個人隱私的事情，不斷地被詢問、被試探、被議論、甚至被安排的時候，其實你會有深深的無力感，面對一些陳舊的想法，其實你很想反駁兩句，可你知道你只要一開口，等來的往往就是："你看看誰家孩子像你這樣不懂事，父母把你養那麼大容易嗎，可你現在翅膀硬了，不想聽我們話了，嫌我們嘮叨了……"之類的言語。

一些親戚和長輩，其實他們根本沒有用心去瞭解過你的真實想法，也不了解當下很多年輕人的生活方式與追求，僅憑自己固有的認知去論斷你，還不給你任何解釋自己的機會、不給你提供任何的幫助，一聊天他們就會說這是為你好，可你當然不會真的感覺到這是在為你好。

被家人和親戚詢問、論斷、指點的，不僅僅是婚戀觀、婚戀進度，還包括你個人的收入、消費觀、事業規劃、學業規劃等等，好像無論你怎麼做，他們總是能夠找到質疑你、批評你的地方。在一些個人的規劃和觀念上，可能因為沒有得到父母的支持，被父母批評，已經讓你感到很壓抑不想再提起了，結果過年回家這幾天，父母還和其他親戚長輩站在一邊，一同去對你進行遊說、指點、批評，這樣的過年回家對你來說，還是放鬆自在的嗎？

有錢沒錢，回家過年。在回家之前，我們都是抱著很大的期待的，畢竟大家都希望在一年的忙碌後，無論這一年是順利還是遇挫，都希望有一個溫暖而包容的家，在等待著自己，並且希望在家可以擁有一種放鬆的感覺。但當回到家伴隨著各種各樣充滿著攀比和指點的飯局，伴隨著各種道德與親情的綁架，伴隨著被家人拿來與同齡人所比較，那對他們個人而言，在過年的時候回家，也許並不是最好的、最舒適的時機，反而成了"難熬"的日子。

對很多人而言，是從什麼時候開始，本應該溫暖而幸福的過年，怎麼慢慢就變成了"難熬"的幾天？過年回家反而越來越需要勇氣去面對？

02

記憶裏，小時候的過年總是無憂無慮的，那時候不需要考慮結婚、買房、工作等等，每次過年和小夥伴玩耍，記憶中都是開心的模樣。

但越長大，學歷越高，越會受到家人和親戚的期待，這些期待有時候遠遠超出了自己的能力範圍，或是與自己的思維觀念相距甚遠，以至於在過年的時候，很多人感到無論去父母身邊，還是去長輩家、親戚家，好像都沒有待在自己的小窩來得自在，來得放鬆。哪怕居住在自己並不寬敞的出租屋內，自己也早已經學會如何給予自己生活上的鬆弛與滿足。

白天想睡到幾點就睡到幾點，想吃什麼就吃什麼。

拿多少工資，只要自己開心知足，那一切就足夠。

想不想戀愛、結婚，全看緣分、看自己的想法。

事業工作如何做選擇，那就看自己怎麼為自己規劃。

想一個人的時候就一個人，想交際的時候，就再出門約飯、逛街、看電影等等。

成年後的我們，離開了家鄉，在更大的城市生活，既學會了獨立自主，懂得為自己做出選擇，也有了自己的社交圈。和很多朋友的相處，與他們想法的交換，往往比和親戚長輩們相處起來感覺更隨意、更放鬆，畢竟朋友會鼓勵我們、努力與我們產生共情，彼此之間的聊天也有自己的邊界感，不會對你的私人生活過多的詢問和評價。

但是，我們和家人親戚之間，依然存在著認知上不可忽視的巨大鴻溝，往往在與他們相處時，我們會顯得無所適從。在過年的幾天，無法做到獨自去承受大面積的不被支持、理解的情緒。

你想讀個研究生，家人親戚就說讀了也沒有用，不如趁早找對象。

你在畢業後沒有取得什麼事業上的成績，家人親戚就說你書白讀了，把你養那麼大，你卻沒法報答他們。

你想去大城市發展，有了新的規劃，家人親戚就說你不省心，給你潑冷水，不認可你的目標。

你不想去相親，家人親戚就說你不孝，你父母養你那麼不容易，你卻這麼大年齡還不結婚，讓家裏人沒面子。

有些說這些話的身邊人，他們自己的生活就是一地雞毛，他們並沒有通過好好的努力和規劃，來幫助自己的下一代過得更幸福、更自信、發展地更好，可他們在面對你的時候，卻自以為是，仗著自己的輩份，自以為有能力、有資格對你人生的大小事指指點點。

久而久之，在不斷地被否認與被質疑中，你愈發感受到壓力，感受到自我精神方面的內耗，索性你過年就不回去了，不再對過年抱有什麼期待了，你更希望找個其他合適的時機，小範圍的聚聚就可以了。

03

隨著時代的發展、機會的增多、物質生活的不斷富足，每個人的"差距"逐漸拉開了。這其中不僅僅是物質條件的差距，更有思維認知方面的差距，以及對生活目標追求的大不同。而一些身邊的家人和親戚，他們只看到了物質方面的"差距"，卻忽視了思維和目標方面巨大鴻溝的存在，他們還是用老一套的、甚至完全過時的價值觀和思維，來論斷、批評現在的年輕人。

而在年輕人越來越重視自我發展，越來越重視認知和精神契合的當下，因為這些認知鴻溝的客觀存在，彼此溝通往往很難達成共識。一些父母和親戚所認定的觀念和道理，早已經背離了當今的現實情況，很多年輕人也逐漸厭倦了無效的溝通與解釋，他們更願意把時間多花在如何提升自己、取悅自己上面，而不想去考慮如何與家人親戚達成一些認知方面的共識，使自己被一些負能量所消耗。

同時，隨著你愈加地成熟，你開始覺得有些親戚並不是真正站在你的角度為你著想的，甚至巴不得你過得不如他們才好。當他們詢問著一些看似關心你的問題，其實只是想瞭解你到底過得怎麼樣，如果你過得好就跟你聯絡聯絡，想看你能不能幫上他什麼，你若是拒絕就給你扣上自私的帽子。如果你過得不好就更要來炫耀一下自己的情況,順便更有資格來站在"強者"的角度對你指點指點。

回家過年,是需要應付各種交際的,也是一年裏最容易面對大規模否定、批評、指點和比較的時間節點。但人與人的走動與交際,歸根結底,是需要走心的,是需要沉下心交換觀點的,是需要提供情緒價值的。當這些都沒有辦法得到,只是浮於人情世故、鄰里親戚的表面,還要對你的私人生活進行各種各樣的冒犯與干涉的時候,那過年回家,對你來說就成為了一件性價比極低的事情。

其實,對大多數人而言,過年回家,一直以來都是一種慣性,一種傳統,一種延續,好像只有身邊有家人的陪伴,才算得上是真正的過年。在過去,很多人即便回家會面對一些不被理解與包容的聲音,他們還是會選擇遵循這樣的傳統,在過年回到家鄉與家人、親戚團聚。

可是在當今的時代,越來越多的年輕人注重個人的真實感受,他們不願意去遵循這樣的模式了,他們可能過年會選擇待在遠方,或是出去旅遊,甚至一個人待在自己的出租屋裏。對他們而言,並不是排斥團聚,也不是對一些指點和批評記恨許久,只是更希望選擇其他合適的時間節點,與家人見面,與一些他們願意走近的親戚朋友小範圍的團聚,去達成一些水到渠成的陪伴。

所以,回家過年還是不回家過年,其實也沒必要過度執著。團聚的幸福,回家的溫暖,這些美好本就不應僅僅局限在過年的那幾天。每一次的擁抱,每一次的久別重逢,每一次團聚的那些故事,無論是不是在過年,都值得銘記,都值得在生命中不斷地被想起。

希望我們每一次的團聚,都將存放在開心且難忘的記憶裏。

見不得我們好的人，往往都是身邊人

01

在生活中，經常會因為一些事情，讓我們重新審視與親戚朋友之間的感情，是不是真的如我們所想的、所期待的那樣。

你和男朋友吵架了，找好朋友傾訴，朋友說："姐妹，他都這樣對你了，讓你那麼生氣難過，他肯定不愛你，這還不分手嗎？"

你父母準備買房，親戚就說："你家是女孩子，沒必要買房的，以後嫁人就行了，給自己那麼大壓力幹什麼。"

你談婚論嫁，很開心地把自己的準備情況告訴親友，親友卻說："你結婚還是要找你老公要大鑽戒啊，你得找他多要禮金啊，不然怎麼證明他愛你呢。"

你考上了研究生，而且還是一所很不錯的大學，把這件喜事告訴了親戚，親戚卻說："讀這個書能有多大用啊，還不如早點結婚生孩子，那麼大了還讓你父母供你讀書，他們容易嗎？"

你準備去大城市發展了，內心充滿了期待，親戚知道後，他們卻對你父母說："孩子跑那麼遠，你們也慢慢老了，以後養老怎麼辦，還是勸勸孩子就在你們身邊，這樣是最好的。"

隨著年齡的增大，社會閱歷的豐富，你會逐漸去復盤這些言語，思考有些話是否是真正適合你的、為你好的。直到有一天，你的內心出現了一些聲音，這些聲音可能一下子讓你覺得難以接受，但又不得不好好地去思考。

勸你父母不要買房,可能是怕你們過得越來越好,會使他們的優越感降低。

勸你分手,可能是她暫時還沒有男朋友,她並不習慣當你有了男朋友後,與她相處的時間減少了。

勸你對未婚夫提一些要求,可能是嫉妒你遇到了那麼疼你的人,而她暫時還沒有遇到,心態失衡。

勸你沒必要讀研究生,勸你不去大城市發展,可能是自己的孩子做不到這些,怕你發展地越來越好,拉開和自己孩子的"差距"。

長大了才慢慢意識到,那些對我們有偏見,或是因為我們變得更優秀而見不得我們好的人,往往不是別人,而是身邊一些熟悉的人。

總會發現,一些從小家庭背景差不多、年少時受教育相近、也常常玩在一起的親戚朋友,長大後發展的軌跡卻各不相同。

有的人去了很多地方,後來在大城市逐漸站穩腳跟。

有的人把握住了機遇,積累了一些資源與財富。

有的人居於安逸,個人發展停滯不前。

有的人勤勤懇懇,生活卻還是一地雞毛。

在一開始,很多人有著差不多的起跑線,但卻因為種種原因,把生活過成了完全不同的樣貌。這個時候,身邊有些人面對看似發展地更好的那個人,偏見與嫉妒就很容易出現。並不排除有人也會發自內心的祝福,或是可以謙卑地去瞭解他一路走來的經歷的想法，瞭解他為什麼會取得這樣的發展。但與他人比較所帶來的羨慕、嫉妒、失落等等情緒，總是無法忽視的。

就像一個越來越出色的你，面對這樣看待你的身邊人，你會感到遺憾與不解。但是，因為你很優秀，你會表現出包容，你希望把你有的一些想法、經驗等，與他們分享，但結果卻讓你大失所望。他們給你的回饋會讓你覺得，無論你自己多麼努力，多麼積極地向上爬，都無法促進他們也同樣做到努力向上，反而他們似乎一直在用負能量的言語告訴你，你不要再向上爬了，下來吧，回到和我們一樣的生活方式，這樣你才算是明智的，懂事的。

你努力上進考上了研究生，他們就說為什麼要去讀，讀書之後又能怎麼樣，也不一定能找到更好的工作。

你勇敢地去體驗不一樣的事物，他們就說不值得、沒必要，幹嘛非要折騰，一點也不省心。

你想嘗試去外地發展，給自己新的挑戰和機遇。他們就說你眼高手低，這不行那不行，用各種方式來打擊你的自信心。

你通過自己的努力發展地越來越好，取得升職加薪。他們就會私下議論，說你都是運氣好，不就是怎麼怎麼樣，否則怎麼可能有現在的成就。

你攢錢買了房買了車，他們就會開始嫉妒，並可能對你的決定進行指指點點，比如會說，你買的房子地段不夠好，或是說，你有了貸款以後壓力會很大的之類的話語。

你努力拼搏，忙於事業很少回老家，他們就會說："你現在厲害了，和以前不一樣了，你都不怎麼回來，是不是不想和我們聊天了，看不上和我們玩了。"

　　講這些話，一方面可能是因為認知有限，你努力的方向、做到的事情等，超出了他們的認知範圍。但另一方面，因為他們中的一些人，是甘於平庸、享於安逸的，他們習慣於碌碌無為地過著每一天。在這樣的前提下，你的上進和優秀，在他們看來就是一種“罪過”，他們無法理解在差不多的環境成長起來的你，為什麼要變得和他們不一樣，也不理解為什麼你要努力變得優秀，來顯得他們的“普通”。

　　所以，我們經常會說要保護好自己，做事要低調，不能張揚。做一些事情，要懂得事以密成，想做什麼事情，就默默付出努力去做，哪怕獲得了什麼成就，升職加薪或是買了房買了車，也沒有必要讓身邊的人都知道。沉住氣，讓自己看著簡單一點，樸素一點，保持謙遜和不卑不亢的心態，別人問就說糊口飯吃，或是運氣還可以，也許就會給自己省去一些不必要的麻煩。

　　如果你為了面子，刻意地去炫耀自己，當他人知道你發展地好了，有些人可能就會想辦法找你借點錢幫幫忙之類，這也許還能應付。但如果遇到嫉妒心很重的人，你甚至都沒有妨礙到他什麼，都不敢肯定他會怎麼做，比如會不會背地裏說你壞話給你造謠，來嘗試拖你後腿或是讓你難堪之類的事情。

　　也許你會說，以這樣的方式，去看待一些身邊的親戚朋友，感覺上是很陰暗的。但是，人性總是充滿嫉妒與比較的，一些人問著關於你的情況，你以為是在關心你，但其實只是在確認你有沒有變得更出色，或是確認你對他在小圈子裏保有的優越感是否有威脅，他們也許可以接受你過得更好，但是最好不要過得比他們更好。

02

越是熟悉的人，越是少不了互相之間的比較。成長，在他們在關係中，就像是一場賽跑，好像自己如果更"成功"了，就可以至少在自己的小圈子裏，顯得自己是更優秀的。而與他人相比的你，是不夠成功的，誰比誰"強"，誰更有"優越感"，好像默不作聲地成為了關係裏重要的一部分。

當一些親戚朋友生活地越來越好，他們就會變得驕傲，變得瞧不起你，覺得在你和他們的小圈子裏，他們是更優秀的，他們是可以有資格指點你、甚至取笑你的。但後來，你也有了提升自己的機遇，他們又怕你變得更好，怕被你超過，或是嫉妒你所擁有的一些事物。

從很早以前，一些親戚朋友就把你看作是不如他們的"弱者"。這可能是因為他們獲取了更好的事業成就，或者他們的孩子學習成績更優秀等等，因為這些優越感的存在，他們的內心慢慢開始習慣，習慣於你是不如他們的，很多事情你是需要問他們的，是需要向他們學習的，並且這樣的關係維持了很長的時間。

直到有一天，你逐漸變好，逐漸有了自己的主見，有了自己發展的機遇。這個時候，最先站出來對你指指點點的，就是很長時間視你為"弱者"的親戚朋友。他們害怕你變得更優秀後，會超越他們，更害怕你打破長久以來你需要向他們學習討教的模式，在他們的認知裏，一個逐漸變得優秀的你，會減弱他們在小圈子裏的驕傲感。

這個時候，你當然很可能會遇到一些負面的、充滿偏見的聲音，所以你需要努力突破這樣的束縛，依然跟隨自己的內心，努力朝著自己的目標邁進，這並不是為了刻意地去反擊他們，而是為了自己的發展，為了讓自己的人生更加精彩。

也許你會問，如果身邊的親戚朋友，他們並沒有在小圈子獲得什麼突出的成就，每個人的生活條件和節奏也都差不多，是不是如果有一天，當自己變得更好更優秀了，他們就會更尊重自己，也更願意謙卑地傾聽自己的想法呢？事實往往並不是這樣。

很多身邊的親戚朋友，他們的認知和包容度並不高，這樣的前提下，他們害怕你發展地越來越好。對你來說，本來一個很好的擺在面前的機會，親戚朋友卻在以完全相反的方向來勸誡你，他們還會以親情友情為幌子，不斷地和你說："咱都自己人，我還能騙你嗎？"

在你小的時候，他們可能並沒有顯示出多麼地關心你，疼愛你。當你長大了，想在一些積極上進的事情上面為自己做主的時候，就會出來提出各種批評和指點，美其名曰："我這不都是為了你好。"你可能無法理解，他們為什麼要摻合你的事情，一定要說一些話，來潑你的冷水，明明這件事情本身與他們也並無太大關聯，可對你指指點點這件事，好像表現得比誰都著急。

其實在他們眼中，大家本來都"窮"的好好的，憑什麼你獲得變得更優秀的機會，而他們卻沒有。於是，因為嫉妒你、也害怕你變得優秀從而瞧不起他們，本就不夠自信的親戚朋友們，就會不斷地以過來人的語氣勸誡你，不要怎麼怎麼樣，否則你就會吃苦、吃虧之類的。

聽上去，好像挺有道理，都是一些"為你好"的話，並且你也實在想不到他們有什麼理由望著你過得不好。但是，事實卻是，他們希望用一些辦法，可以使你錯過一些改變自己、提升自己的機會，只有這樣，當你重新回到和他們一樣的生活節奏，他們的內心才會感到平衡。

　　而如果你還是選擇了走自己的路，逐漸發展地越來越優秀，這個時候，身邊的親戚朋友也沒有辦法阻礙你繼續向前了，他們中有些人，就會看看能不能從你這裏獲取到什麼利益，而當他們發現沒有辦法從你這裏快速獲得到一些資源或利益的時候，他們就很可能說你自私、說你不懂事等一些很掃興的話，或者你已經很努力了，卻還是要雞蛋裏挑骨頭，用這樣的方式來擾亂你的心情。

　　他們的自私心開始顯現，不僅希望從你這裏得到什麼收穫，並且如果他們自己獲取了什麼機遇，也不願意與你分享，反而如果自己踩了坑或是吃了什麼虧，就希望你也同樣經歷一下，這樣心裏才會感到好受一些。

　　買了車經常空置，發現還是坐地鐵方便，卻勸你也買一輛。

　　辦了婚禮之後，發現花了不少冤枉錢，卻勸你該有的流程一樣不能少。

　　上當受了騙，發現你可能也會走這彎路，卻做個吃瓜群眾，不去提醒你。

　　而若當你的生活真的遇到了低谷，那更是他們內心感到舒適的時候。你以為他們會盡心盡力地幫你一把，但他們恨不得踩你一腳，讓你不再得到翻身的機會，他們心裏才會感到有所平衡。其實你的事情和他們也沒什麼關係，但在你優秀的時候，他們就會用你的優秀折磨他們自己，你低谷的時候，他們就會想方設法不想你爬出來。你也許並沒有做錯什麼，但還是不得不接受有些人就是見不得你好的事實。

　　所以，作為大人的我們，需要放下一些所謂的比較，放下一些所謂的"為你好"的言語，通過冷靜的思考，讓自己有一定的識別和分辨能力，來判斷哪些話語真的是為自己好，哪些話語是不必理會的。

常常見到，有些人作為父母，卻沒有足夠的主見和判斷能力，對一些話蒙在鼓裏都不自知，自己的子女明明去了很多地方，接受過很高的教育，也越來越成熟自信，卻還是選擇和親戚甚至外人站在一邊。子女表達出一些自己先進的觀點，給予父母一些善意的提醒，就責怪孩子啥也不懂，不知道在想什麼，說得全都不對。親戚朋友表達出什麼觀點，就覺得說得都很對，甚至有些親戚見不得你家好，說你家孩子不該去讀研究生，不該跑那麼遠，你也覺得他們說得有道理，反過來責怪自己的孩子不懂事。

不得不說，如果沒有足夠的定力與判斷能力，就很容易被這些看似值得信賴的親戚朋友關係，消耗到自身，影響到自己的方向與目標，從而變得越來越被動、越來越沒有主見。

03

回歸問題本身，不妨想一想，為什麼見不得你好的人，往往都是身邊的人？

最大的原因就是，因為他們是看著你一路成長過來的人，是最容易關注到你的人，也是最容易可以傷害到你的人。

他們的認知和眼界，決定了他們沒有辦法好好沉下心關注自己眼下的生活。其實，他們是可以過好自己的日子，樂觀積極地過好每一天，可偏偏選擇過於關注他人的生活，把自己的自卑、自信與他人的比較深度綁定。長此以往，過度地陷入和他人的比較，從而忽視自己已經擁有的，不斷地去糾結你有他們卻沒有的。

就像你看著自己的同事買了新車，看著同學買了新房，看著小時候的玩伴升職加薪，內心很難做到心如止水，這些別人的成就，無時無刻不在觸動著你那敏感的神經。你不斷地在想，自己和他們背景都差不多，憑什麼你們越過越好，憑什麼你們就有了更多的機會，憑什麼你們變得比我優秀。

於是，他們發展得越好，你就會越覺得你是不如他們的，越顯示你是"無能"的，越襯托出你是相對"失敗"的。即便他們可能並沒有這麼看你，並沒有刻意地和你比較，可你已經下意識地覺得別人可能是瞧不起你的。

然後，已經錯失了很多機遇的你，發現改變自己太困難，你就開始嫉妒別人。嫉妒會讓你越來越累，你可能試圖用言語或一些行動，來證明自己沒有不如別人，而別人的一些成就只是運氣好等等。同時，你關注著別人的生活與言行，希望找到他們的錯誤，等著他們遇到低谷，來給自己的內心找一些慰藉與平衡。其實這是一種非常自卑的表現，在這樣的情緒中，很容易迷失自我，忽視本應該專注於自己的生活節奏。

對於身邊的人，如果他們有喜歡比較的心態，我們需要理解他們的情緒，認可他們曾經對我們的陪伴、曾經對我們的一些關心。但同時，也需要留意保持一定的距離，畢竟親密關係的存在，會使得他們在比較中，很容易產生嫉妒或高傲的心態。一旦這樣的心態產生，他們就會把我們的"成功"與"失敗"，看得非常重要，來作為參照和評判他們自己是否過得還不錯的"標準"。

有些親戚朋友如此，那是不是只有父母，才是真心希望你過得好的人呢？

往極端點說，甚至一些父母都見不得子女好，子女無論做什麼，都要展現出自己的負能量來指指點點，好像他們覺得只有這樣，才能體現出他們是過來人，是比你更明事理、更成熟的。

子女抱怨了，就責怪子女這麼好的條件，都不懂得知足、感恩。

子女安逸了，就責怪子女不能感同身受他們經歷的苦，父母替你吃了苦，你現在才有機會享福。

子女不按照你的想法走，就覺得子女是自私的，生兒育女花了那麼多錢，現在翅膀硬了，都沒開始回報呢，就不聽話了。

子女取得發展機會，就內心嫉妒子女，同時也把子女獲得的一些機會與成就，看作是對自我價值和對子女控制欲的威脅。

說到控制欲，有些父母，他們長期都希望掌控著子女的方方面面，覺得一旦孩子表現得沒有那麼聽話了，一旦走出了一條自己的路，就會凸顯出來他們的"平庸"。而控制欲的由來，是因為第一次成為父母的他們，人生中第一次感受到有"權利"的感覺，錯誤地把"權利"過度用在了和自己孩子的關係上。他們並沒有真正把孩子當作有獨立思想的個體，只是希望孩子不斷地服從他們，去完成他們自己一些未曾實現的事，或是通過控制孩子的行為，來給自己帶來所謂的成就感、滿足感，這當然對子女的幸福感造成負面影響。

冷靜下來想一想，真心希望你過得好的人，可能並不多，我們要學會珍惜真心待你的人，更要懂得遠離消耗。在消耗與磨礪中，你終會豐富自己的羽翼，找到適合自己的思維體系、價值體系。人生路上，只有自己才是陪伴自己最久的那個人，勇敢往前走，活出最真實、最精彩的自我。

常懷感恩，但勿過度感恩

01

生活雖充滿著無奈與苦澀，但又常常會在不經意的時候，賦予我們豁然開朗、喜笑顏開的時刻。

比如，久久困擾情緒的一件事，忽然聽到他人的一兩句話，突然就想開了，不再焦慮了。

比如，早早決定了一周後去外地旅遊，出發的前幾天都是雷雨大作，可就在出發的那一天，天氣轉好，晴空萬里。

比如，在深感孤獨的時候，有一個好久沒有聯繫的老同學，突然與我聯繫，聊了很多關於記憶中的往事，彼此之間依舊有很多共同話題。

比如，某件事情當我以為沒有任何轉機的時候，突然就有人出現，及時幫了我一把。

類似的事情太多了，這些在生命中出現的"貴人"，出現的驚喜與轉機，無論在當時還是現在看來，就像是幸福突然來敲門。讓我逐漸意識到，生活充滿著各種各樣的起伏，只有對生活報以一顆感恩的心，才能用心品味生活中意義非凡的瞬間，更平和、坦然地面對生活賦予的一切。

一些挫折與沮喪的時刻，感恩這些經歷帶給我反思自我、調整心態的機會，讓我得以變得更加堅強。

一些生命裏的驚喜與轉機的時刻，感恩這些生活的賦予教會我珍惜，有些事物並不是我的努力換來的，只能可以看作是一種意外的擁有。

感恩之心的培養，需要時間和經歷的修煉，很難做到完美。即便我們不斷地在學習如何做到常懷感恩，也還是會在面對一些挫折遭遇的時候，自然而然地心生抱怨。同時，在擁有一些事物之後，又很容易淡化已經擁有的，或是早已對一些已經擁有的事物感到習以為常，而不會時常想到發自內心地感恩。

受父母極度寵溺的孩子，也許會把父母的給予和付出看作理所當然。

在考試上取得高分的學生，也許會把大多的原因歸結為自己的努力，而淡化父母、老師和同學的幫助。

在事業上取得可觀收入的人，也許會把所有的一切歸功於自己的能力，而忽視了平臺的托舉。

一路走來，你可能會遇到很多令你欣喜的人和事，尤其在順境時。順境很容易使我們感到驕傲自滿，會讓我們逐漸高估自己，從而把生活中很多美好事物的來到，看作是一種理所應當的常態，並且還希望向生活索要更多。而一旦事情發生轉變，沒有按照他的意願發展，就會習慣性地抱怨生活的困難，覺得周圍的一切都是負面的，都是對他不公的。

生活可以讓你得到一些意外的驚喜與機會，但也同樣可以讓你失去一些本來擁有的事物。直到你歷經千帆，以更成熟的心態來思考這一切的時候，也許就會意識到，受父母的寵溺並不一定是因為我們有多優秀，好的成績不一定完全取決於努力，取得不菲的收入也不一定就完全是能力的呈現。很多事情，其實都不是我們個人的力量可以決定的，這其中可能有他人無條件的付出、有貴人的幫助、有時機的成熟、有平臺的托舉等等。

以前的我，完成了一個既定目標，就會很容易志得意滿，沉浸在事情得以完成的成就感之中，沒有以謙卑的心，來感激促成這些結果的其他因素。在當時的我看來，只覺得這件事的促成，是因為自己有著足夠的能力與努力。

可從小到大，我們常常聽到，某件事情能否如願做成，能否進展地順利，要看天時地利人和。這就說明了我們單方面的力量是有限的，很多事情需要好的時機、好的平臺、甚至好的運氣，只願意肯定自己的努力，而不願意去感恩其他的一些因素，是會容易讓自己變得局限的。

這時候就有人會說："我感恩了自己的付出與努力，也對很多幫助過我的人充滿感激，這還不算感恩之心嗎？"

感恩涉及的方面其實很廣泛，有時候，因為一時的成功與順利，我們會把感恩適用的範圍，局限在一些曾經幫助過我們的"貴人"，比如他們可能在我們面對困難的時候，拉過我們一把，也可能在我們的事業遇到瓶頸的時候，幫助我們做出更合適的決定，或是幫助我們賺取了一些利益等。

又或者，我們過多地感恩於自己的天賦與能力，覺得自己擁有了比別人更高的智慧，付出了比別人更多的努力，才把自己的生活與事業打理得很好。

但生活中的感恩，不僅僅限於感恩"貴人"相助、得意於自己過人的能力，還包括那些生活的點滴美好、相遇、陪伴，以及挫敗等等，在生命裏所有的經歷與相遇，都會多多少少讓你有所領悟，並教會你一些事情。

感恩也是一種態度，包裹著你對生活的期待與熱情，懂得感恩的人，會更有機會得到好運相伴。每一天灑在我們生命裏的陽光和雨露，每一天健康平安的生活，每一天家人的溫馨陪伴等等，這些在我們的生命中，好像平平淡淡、早已習慣擁有，看似不及獲取金錢、地位等看著耀眼，但卻是我們不可分割的一部分,且無法接受失去。

就像我們在與家人的親密關係中,是極其容易忽略感恩的,他們給予我們的陪伴與幫助,給予我們的點滴幸福,是最真摯樸實的情感。可我們的關注點常常放在一些無止境的追求上,以至於我們寧願花時間來糾結得失,也不願意真心感恩當下所擁有的。

不必過多抱怨生活的不公與不順心,因為這不僅不會改變什麼,還會遮住我們看美好與驚喜的雙眼,無論生活給予的是什麼樣的遭遇,都在心中予以感激之情。

擁有的,就像是生命的饋贈,也許是為了讓我們好好感受眼前的風景,感受當下的美好,並在合適的時機將溫暖與愛傳遞。

失去的,也許是為了讓我們避開不必要的麻煩,或是教會我們珍惜握在手中的美好。

困苦難熬的,也許是為了讓我們總結經驗,然後破繭成蝶,成就更好的自己。

在不同的經歷與故事中,我們成長成為獨一無二的樣子,有著各自的目標和期許,也有著各自的艱難。也許你我都曾在稍顯稚嫩的年紀,在各自的逆境中穿行許久,直到重新找到光亮,成長成為現在更堅韌、更積極的自己。這一刻,也感恩每一個階段的自己,感謝曾經那個每一次遭遇艱難時刻,卻依然努力克服,並鼓足勇氣繼續探索未知的自己。

因為那個年輕而勇敢的自己,才成就了今天更好的我們。

02

感恩之心，值得稱讚與肯定。但是，在當下的生活中，我們常常會遇到一些人，當和他們提起感恩時，他們不會有太多內心的波動，甚至會表現得很不屑。

為什麼本應被我們時刻牢記的感恩之心，在有些情況下，反而變得"不受待見"了？

對父母對孩子說："我們每天那麼辛苦，培養你花了那麼多錢，供你吃、供你穿，可你卻整天玩，也不好好學習，要不是為了你，我們需要那麼辛苦嗎，你一點都不懂感恩父母。"孩子還小，在自己的價值觀沒有形成前，會覺得父母說的也是有道理的，不能辜負父母的一片苦心，所以以努力學習的方式，來"感恩"父母的培養。

十多年後，孩子大學畢業了，進入了職場，生活的壓力撲面而來。可父母又開始指責說："我們供你讀書那麼多年了，現在你工作賺到了錢，也不知道孝敬父母、感恩父母，真是白把你養那麼大了。"

很長時間以來，父母總在試圖培養出子女的感恩，甚至從孩子生下來起，就要讓兒女背上"生育之恩"。久而久之，孩子如果犯了什麼錯，或是什麼做的不滿意，父母就會讓他們背上"愧疚感"，這對還不夠強大的孩子來說，無疑是沉重的，壓抑的。

父母不斷地對要求"感恩"，不僅忽視了孩子還沒有能力做到以他們想要的方式來"感恩"，還會把孩子越推越遠。如果有一天，孩子的思維打開了，不想背負如此沉重的"恩情"了，試圖在言語上反抗這樣的認知，那等來的往往就是："你就是白眼狼,別人家的孩子多麼聽話懂事,工作後都給了父母多少錢之類。"

不僅僅是父母與子女之間,容易被"感恩"的所捆綁,在工作中,這樣的情況也時有發生。

你在一份工作中,領著微薄的薪酬,又因為公司遇到困境,自身的發展遇到瓶頸,所以迫切地想要離職。可是上司卻跟你說:"公司現在都那麼難了,依然還給你發工資,而且要是沒有這麼長時間公司對你的培養,你哪會有現在的底氣?你應該有一顆感恩的心,在困難時與公司共進退,不應該想著一走了之。"聽完覺得上司說的有道理,是自己做得還不夠,所以拿出"過剩"的責任心,繼續好好工作,努力回饋公司和領導。

自己處在發展本就受限的平臺,還拿著很低的薪水,結果內心還感到對公司有所虧欠。明明拿工資是再正常不過的一件事,卻在一些語言的"包裝"下,成為了一種可以把你繼續留住的"恩情"。在後續的工作中,但凡有什麼工作方面的事情沒有做好,你都覺得愧對了公司和老闆。這樣的內心狀態,其實是很壓抑的,即便內心很多牢騷與不甘,你也不敢表達,生怕領導和同事來質疑你為什麼沒有感恩之心。

其實,在他人要求你感恩的第一時間,你就應該開始拿出自己的戒備心,而不是虧欠之心。感恩不應帶有功利性的色彩,有些人自以為對你有所付出,就理直氣壯地對你有所要求,期待著你能給予到令他滿意的回報。

而真正願意對你慷慨,真心願意幫助你的人,相信他們本意上真的是希望幫助你變得更好。他們是不會在給予你幫助後,讓你背上回報的負擔,或是執著地期待你及時做到感恩與回報。當然,如果你願意以某種方式予以感激、報答恩情,那也是你發自內心的善良，相信真心的感謝，也會讓對方有所感動，內心充滿愉悅。

知恩圖報，感恩賦予，是需要時刻牢記在心的。但是，在我們自己都還沒有照顧好自己、自己的生活都還沒有打理好時，就不要強迫自己先學會感恩別人。無論他人如何要求你做到感恩，你都要有一根量度感恩的尺子在心裏，然後結合自己的實際情況，來做出是否予以感恩，予以什麼樣報答的決定。

因為別人對你有所幫助，所以你對他人充滿著感激與善意，並且你放低了自己的姿態，希望以一顆感恩之心，謙卑地對待他人。可有時候，你的姿態擺得過低了，甚至把當下所得的一切都歸功於別人。這個時候，他人對你的幫助與恩情，成為了可以輕易捆綁你的工具，成為了可以在言語上對你指手畫腳的資本，甚至成為了可以壓垮你的"包袱"。

感恩應當是充滿愛與溫暖的表達，是發自內心的付出與祝福。不妨可以思考一下，對於曾經給予我們幫助的人，曾經的我們，是以什麼樣的方式，來表達自己的感激之情的，是否是足夠開心的、從容的？如果雙方之間一旦摻雜了太多的期待、索取與捆綁，那就偏離了感恩應有的軌道，逐漸把感恩變成了一種"交易"。

常懷感恩之心，但付諸什麼樣程度的感恩與報答，我們不應勉強自己，應當依據自己的實際情況，尊重自己的真實感受。以謙卑的心，做自己能力範圍內的事，哪怕一句簡單的感謝，也許都可以將溫暖與喜悅傳遞給對方。用心感受生活的點滴與冷暖，真誠回饋在生活中給予我們幫助的人。

03

大概兩年前，我在公司上班的時候，因為工作上的一些瑣事，而對一位同事有了些意見，以至於在後來的一段時間不想和他有太多交流。

當時的我，在事情剛發生時，第一反應是比較生氣的，滿腦子都在想："你怎麼會這樣處理事情呢？真的是太讓我失望了。"

後來，在一段時間之後，當我更全面復盤了這件事之後，卻又逐漸地被這件事所困擾。回想起來，在事情剛發生的時候，我自以為自己占理，就輕易地對這件事做出了一些論斷，這並不友好，也許在某些方面其實是我誤會了別人，事情不是我以為的這樣。以這樣的情緒和方式處理問題，還是有失妥當，不僅不利於問題的解決，還可能導致自己在工作中被孤立。

還有一個更重要的原因，這位同事以前對我很不錯，我心裏也依然記得很多他幫助過我的經歷。這件事之後，我有點愧疚，覺得自己有些不夠知足、不懂感恩，不多想想他平時給予我的很多關心與幫助，卻抓著這一件讓我失望的事情，輕易地做出論斷，還把負面的情緒帶給了別人。在那一刻，我覺得自己辜負了對方曾經對我的幫助，我不應該這麼做。

所以，在某一段時間內，其實還是蠻自責的，心裏會想："要是有話好好說就好了，要是第一時間就道個歉就好了。"但一段時間之後，我還是及時調整了自己，儘快把自己從虧欠感中拔了出來。不能因為他平時對我有所幫助，而我把壞情緒帶給他，就一直放任自己在愧疚中消耗自己的能量，這樣是無法將事情翻篇的。況且對我而言，我需要感謝這次經歷，不僅使我總結了自身的不足，還帶給我的一些新的反思與啟發。

這件事首先提醒到我的就是，感恩一個人，內心時常念著一個人平時對你的好，是很容易讓我們對他人不設防的。這並不意味著你要一開始就把別人設想成什麼樣的人，或是預想他可能要做什麼對你不利的事情。而是不能因為他曾經對你有所幫助，有所恩情，所以在你內心深處，就篤定他是不會讓你失望的，他是會為你好的。一旦他在別人面前說了什麼不利於你的話，或是做了什麼事情背離了你的思維想法，就會給你帶來很大的心理衝擊。

還有一個無法忽視的感受就是，當我越來越放大對方給予我的幫助，而自認為自己沒有拿出足夠的回報時，內心是會非常不安的，再加上自認為做了讓他人失望的事情，又進一步放大了愧疚感。我不斷地回憶著別人曾經幫助過我，別人對我有恩，所以我就揪著自己做的不對的地方反復檢討自己，希望盡快找到機會可以好好補償對方，盡早找到時機將恩惠"還回去"，好像只有這樣，才能緩解內心的不安感。

回想起以前的成長經歷，從小家人就教育我："滴水之恩，當湧泉相報。"但在很多事情上，雖懂得知恩圖報，卻好像很少能做到給予對方"湧泉"般的回報。一方面，在特定的階段，因為個人能力的有限，對於他人的恩情，沒有辦法給予到對方同等或是更高規格的回報，只能發自內心地多表示感激。

另一方面，有些人在給予我一些幫助後，會在言語上，"要求"我立馬給予一些可觀的回報。也許，他們對我的幫助毋庸置疑，但我在當下的境遇下，可能實在拿不出與他們給到我相匹配的，那我又談何"湧泉相報"呢，難道因為我做不到，就得一直帶著虧欠生活嗎？但是，我還是會真心地感激，未來如果有合適的機會，我很願意提供我能做到的幫助，無論如何，曾經給予過我的幫助與溫暖，我都銘記在心。

　　人與人的相處，需要忌諱的其中之一就是，不能過於放大他人對我們的幫助，並對他人施以過度的感恩。比如，別人給了你一點幫助，對於別人來說可能很普通，算得上是舉手之勞。但對你來說，你覺得這些幫助意義重大，就是因為這些幫助，才給你的生活帶來了積極的改變。所以，你特別在意對方的感受，不想讓對方有所失望，別人有什麼想法或要求，你都想要迎合他、滿足他。同時，你迫切地希望能夠多報答對方，有一點點好的，都想要第一時間拿來回饋對方，以此證明你是懂感恩的人。

　　久而久之，在別人看來，可能本來沒覺得多大的事情，卻因為習慣你對他太好，習慣你頻繁的"回報"，逐漸覺得你對他的給予是理所當然的。當你的生活越來越好、事業越來越順利時，曾對你施恩的人就會想："看吧，都是多虧了我當時對你的幫助，你才會有如此積極的改變。"

　　而當你疲憊了，覺得你的感恩應該適可而止的時候，也許是對方極度不願看到的。別人已經習慣於長時間你對他的回報，你突然停止了，他會很不習慣，覺得你以前是懂感恩的，可你現在各方面變好了後，怎麼就不再理會他了呢，怎麼就開始忘恩負義了呢，這很可能導致他對你產生很大的意見，甚至在其他人面前開始對你指指點點。

　　所以，感恩要適度、適當，這並不意味著要從善良變得自私，而是既肯定別人對我們幫助的意義所在，也能更能清楚地明白我們自身的價值。大多數時候，在別人給予我們幫助後，我們還是得靠著自己的堅持與努力，在未來的路更多地學會依賴自己。過度的感恩，一旦偏離了謙卑，就會在別人眼裏成為卑微的討好，會顯得你好像"不配"接受別人對你的好，但其實你本就很優秀很善良，怎麼會不值得擁有他人對你的給予和幫助呢？

　　平時的生活中，我們也常常會習慣於幫助身邊的人。在幫助他人時，我們不應執著於別人是否應該及時感激我們，或是以什麼樣的方式回報我們，這樣是會給他人帶來壓力的。畢竟感恩是一種主觀上的情感，每個人傳遞愛與溫暖的方式，也各不相同，可能有些人能力確實有限，有些人確實羞於表達，都應給予對方充分的尊重與理解。但如果遇到一些人，在幫助他們後，他們希望繼續從我們這裏索取到什麼便宜，或是不知感恩反而來對我們指手畫腳，那就得及時告訴自己，善良應有底線，不能過分給予。

　　很多時候，在各種因素的疊加下，對於曾經幫助過我們的人，我們很難立刻給予到對方什麼可觀的回報，甚至可能只是幾句簡單而真摯的謝謝，僅此而已。但是，生活像是一面鏡子，你在收穫恩惠後感知到的溫暖、愉悅和滿足，其實也鼓舞著我們在合適的時機和條件下，將善良和愛心傳遞給身邊更多的人，溫暖更多的人。

　　在幫助他人的過程中感受快樂，並收穫滿滿的自我成就與感動，這何嘗不是一種幸福呢。

"面子" 與 "比較"

01

幾年前的時候，我和一個女生聊天。

她剛剛踏入職場還沒到一年，收入微薄，但總是打扮得很精緻，鞋子、包包、衣服都買好的，還經常出入有檔次的餐廳，實在想不明白她在經濟方面是如何維持的。

一瞭解才知道，原來不僅月光，還喜歡用各種信用卡提前消費，每次還款的時候經濟就捉襟見肘。其實住著很普通的房子，但卻在外人面前顯得自己的生活沒有壓力、且很小資。

後來，因為在工作方面遇到挫折，還款吃力，她才及時醒悟，在一個合適的時間註銷了所有的信用卡，然後一百八十度大轉彎，花錢變得小心翼翼，過起了樸素、接地氣的日子。

很長時間之後，我再次和她聊起這件事，問了問她為什麼當時經濟不寬裕，還要去買那些並不便宜的包包鞋子等。

她說："剛畢業的時候，第一次賺錢，不知道賺錢以後是為了什麼，然後看了看身邊的一些同事朋友，她們有了一些收入，就用來買衣服、買包之類的。看著她們擁有了這些，自己就會也想擁有，來讓自己變得和她們一樣精緻，好像這是賺了錢之後，就應該追求的事物一樣。我陷入了和別人比較的陷阱，但好像自己從來沒有好好問過自己到底想要什麼……"

其實，她的故事，是我們很多人的縮影。我們都有自己的圈子，朋友圈、家人圈、同事圈等等。在圈子裏面，擔心和別人不一樣，擔心自己過得不如別人，擔心別人會瞧不起我們，就會為了獲得一些事物，而不顧一切地去追求。但在追求的路上到底有多大的疲憊、多大的壓力，這些也都是需要自己來承擔。

生活中，我們常常做一件事，不先問問自己到底需不需要，而是通過比較，看著別人的生活進度，來給自己的生活做著各種選擇。

"你為什麼買名包？"

"閨蜜們都買了，再不買，出去多沒面子。"

"你為什麼買車？"

"同學同事都買了，我再不買，別人會瞧不起我的。"

"你為什麼那麼倉促就結婚了？"

"親戚家的孩子都結了，再不結父母不高興，家裏也沒面子。"

"你為什麼送孩子去上這個興趣班？"

"誰誰誰家都送孩子去學了，我們再不學就落伍了。"

很多人生活的方向，好像都被別人的眼光所左右著，他們不斷地希望達到一些和別人一樣的目標。一旦達不到這樣的目標，不效仿著別人完成生活中的一些"任務"，就會覺得很可能被別人看不起，會是沒面子的，而往往生活的累，有很大一部分原因都來源於此。

就像大大小小的事情，總是喜歡隨波逐流，包括從前的我也是。一直在被別人的眼光和所謂的"任務"所捆綁，這些"任務"雖然只是別人的生活節奏與追求，但卻好像有一種無形的力量，不斷地去告訴你，這不僅僅是別人的"任務"，也是你的"任務"，你有什麼資格要和別人不一樣呢？

於是，因為生怕自己在完成這些所謂"任務"的道路上，"落後"於別人，就不得不被"任務"不斷地壓著朝前走。

就像一對父母對孩子說："你趕緊結婚成家，這樣我們做父母的任務就完成了，父母也心定了。"父母看著別人的生活節奏，給自己設置了這樣的"任務"，還把"任務"強加在了孩子身上，而"任務"的來源，其實就是在乎別人看自己的眼光，在乎自己跟別人比起來，是不是"進度"慢了。

我們常常會陷入無盡的比較，在比較後就開始追求一些他人所擁有，而自己沒有的。很多人甚至還沒有開始問為什麼，就已經開始追求，而一旦追求不到，就會陷入嫉妒、焦慮、抑鬱、不安等情緒。但這樣的追求，其實並不適合每一個人，婚戀順遂、金榜題名、升職加薪、買房買車等這些說著輕鬆的事情，對於很多人來說，都是很難達到的。

四五歲孩子的家長，看著別人家的孩子都學了一個才藝，也沒想為什麼、自己的孩子適合學什麼，就倉促地送了自己的孩子也去學，生怕孩子輸在起跑線。

等孩子大了點，看著別人家的孩子學習好，而自己的孩子學習一般，父母就感到沒有面子，要求孩子跟別人家的孩子學習。

二十五歲畢業沒幾年，看著別人已經開始戀愛、結婚，自己卻還拿著微薄的收入，無房無車，就開始焦慮、著急。

工作後，看著別人升職加薪，而自己在職場上不善言辭、平平淡淡，你就定義自己是不夠優秀的，領導同事是不會重視你的。

三十歲，看著別人買了房買了車，自己的事業卻還是沒有太大起色，就感到自己很失敗，越來越感到迷茫。

過了三十，好不容易結婚了，你不想辦婚禮，想旅行結婚。可在別人眼裏，別人都辦了，你不辦，你在家人和親戚的眼裏，就是對不起父母的，就是會被指指點點的那個人。

結婚後，如果看著別人都安安穩穩地生活，而自己卻沒有擁有穩定幸福的婚姻，就感到是讓家裏沒面子的，就是被人看笑話的。

長此以往和他人的比較，你終於累了，你很想停一停，給自己一些喘息的空間。通過許多的事情，你終於明白，不是任何事情，別人能掌控，自己就也能掌控的，就像抄作業的簡單道理一樣，可以滿足自己的面子，免於一時的挨罵，但卻換不來更好的考試成績。

你也意識到，很多"任務"都是自己帶給自己的，不要這個面子，被質疑幾句，只要自己開心滿足，好像也沒什麼大不了。陸陸續續地，你開始放下了很多的"任務"，越來越靠近最真實的自己了。

復盤一下，有些"任務"並不會幫助你變得更優秀、更快樂，在你還沒有正式開展這些"任務"的時候，你就會想，別人都已經怎麼怎麼樣了，我好像已經落後了啊。後來，看著別人完成了這些"任務"，你實施起來很吃力的時候，你就又一直在思考著，你究竟"輸"在了哪里呢，如果繼續"輸"，那不就丟面子了嗎，別人瞧不起我可怎麼辦呢。

可是，所有的這些"任務"，就算我們都完成了，也許會收穫親戚、朋友或是同事的正面評價。可然後呢？這些評價、這些肯定、這些面子，真的是在小圈子裏"成功"的唯一標準嗎?真的會讓我們更自信嗎?真的會讓我們更快樂嗎?

"臨淵羨魚,不如退而結網。"不比較,不羨慕,多花點時間,給予自己專屬的熱愛。與其比較,去質疑自己、甚至否定自己,不如回避一些聲音,好好經營自己的生活。回首自己的生活,原來有很多的愛好都可以去做,有很多的方式可以讓自己得到滿足感。

不必過於在意他人的看法,取悅誰,都不如先取悅自己,關注自己的生活,追尋自己的熱愛。選擇真實地做自己,真實地與他人相處,才是卸下"包袱"、放下壓力的開始。

02

去年有一天晚上,我在海邊散步,看到了很多中年阿姨在跳著廣場舞。我看著他們整齊地跳操,隨著音樂舞動著身體,全身都可以得到舒展,突然自己也很想跳起來運動運動。

於是,我當即加入了她們跳廣場舞的隊伍,跟著音樂節拍學著她們的舞蹈動作。

幾位阿姨笑著看了看我,我也笑著看了看她們。雖然我跳得並不好,也跟不上他們的節奏,但和她們一起跳,好像也沒覺得有什麼好害羞的,本身就是鍛煉和娛樂的一種方式,自己開心就好,不去想著路人會不會嘲笑我,阿姨會不會嫌棄我跳得不好之類。

經過這件事,我發現自己變得越來越有勇氣去做一些能夠令自己開心的事情,而不是首先想到的就是別人的眼光。

但是,以前的自己,其實也算是一個比較在乎別人眼光、在乎面子的人。

讀書的時候，看其他同學都沒有舉手回答問題，自己就也不願意舉手發言了。

二十歲戀愛的時候，看別的男生都給女朋友買了什麼，自己有時也會去效仿。

剛工作的時候，看著其他同事的工作效率都很高，就感到自己落後了，並質疑自己。

當習慣性地計較別人的看法時，從眾心理就會產生。因為做事一旦不從眾，或是沒跟上，就很可能遭到來自他人異樣的眼光、質疑的眼光，所以就容易在心理上束縛住自己，將自己的生活推入和他人的比較之中，看著別人的生活方式、消費觀、做事風格等，來努力構建自己生活的體系，甚至一些虛榮心的滋生，也來自於從眾心理的作祟。

就比如，

上中學的時候，看著同學買了好看的自行車，就也想買一臺。

工作了幾年，看著鄰居和同事買了新的車，就也要買一輛。

參加別人的婚禮，看著朋友辦了盛大的婚禮，就也動心想這樣辦。

工作設定目標的時候，看著同級別的部門接了大項目，就也要想辦法接一個。

當看到別人在某一方面比我們擁有更多的時候，就很容易產生嫉妒或羨慕的心理，我們會強行地用一些方式，來"拔高"自己，填補自己的虛榮心，似乎在那個時間節點，只想到了通過這樣的方式來"證明"自己也可以做到。

可是，以這樣的方式來"證明"自己，往往背離了自己該有的生活節奏，超越了自己原有的目標範疇。也許過幾年你再回頭看的時候，一些為了"證明"自己，而勉強"構建"進你生活的事物，並不是你發自內心想要的。

但在你與他人比較的那個時間節點，你被衝動蒙蔽了思考，似乎覺得，別人有，你也可以有，這樣才會獲得內心的平衡與滿足。可是，就算擁有了，就真的會在實質上拔高自己嗎？就真的會幫助自己變得更優秀自信嗎？

愛面子的人，就容易喜歡比較。因為對"面子"的重視，就會看看自己有什麼欠缺的，有什麼是"不如"別人的，或是看看需要做什麼，來試圖拉近和對方的距離，以這樣的方式換來和對方的相對一致，為自己的"面子"買單。

生活中，我們常常會發現身邊的一些人，他們對自己家人的事情可以做到不聞不問，甚至頤指氣使，但卻對朋友或並不熟悉的人，百般討好，生怕做得有瑕疵被他人誤會。因為對自己的家人，他們已經不在意家人怎麼看他了，或者覺得家人已經足夠瞭解他，不需要花精力來維護自己的"面子"。但對一些親戚、朋友或並不熟悉的人，卻非常希望給他們留個好印象，留個好"面子"。

比如一個人，他對家人摳摳索索，吃好點就責怪家人不懂得過日子，買件衣服就責怪不懂節約，可要辦什麼儀式的時候，花起錢來卻比誰都熱衷，比誰都在乎排場，比誰都喜歡張羅"充面子"的事情。再比如，

有的人生活基本用不到開車，卻還是要背上貸款買車。

有的人生活上捉襟見肘，卻還是要買奢侈品，還是要爭著請客買單。

有的人在外地工作，只是普通的打工，卻還是要在親朋好友面前說的特別體面。

這樣的現實例子太多了，也許他們也知道，面子既換不來實際的利益，也換不來生活上質的提升，甚至還可能給自己的生活帶來一些不必要的麻煩，卻還是要選擇勉強自己，握著"面子"怎麼也不捨得放手。

凡事都得講究適當，適當的與他人比較，並付諸努力，是可以激發自己的潛能，促使自己變得更優秀、更成熟的。可每個人畢竟情況都不一樣，性格、經濟條件、目標、生活的著力點等等，都有著巨大的差異。有些人為了追求他人的肯定，選擇"打腫臉充胖子"，讓面子成為了一種負擔，反而會漸漸讓自己變得越來越虛偽、陌生。

長久以來，你可能一直會和他人去比較，在乎別人的看法。但你在對方的生命裏，可能並不重要，他們也不會一直把注意力放在你的身上，他們有自己的生活要顧，有自己的目標要追。而對你來說，最好的比較，是和自己的比較，在一個時間階段可以讓自己獲得自信與滿足感，不再為了面子而活，並把日子過得充實，其實就足夠了。

03

喜歡和他人比較，不僅僅限於我們個人，我們也常常被他人拿來比較，尤其是身邊的人。比如在自己不同的圈子裏，這樣的問題就經常存在，似乎永遠也應付不完。

別人都把酒幹了，為什麼你不喝完？

別人都走親戚，為什麼你過年還不回家？

別人都找到工作了，為什麼你還沒找到？

別人都拿那麼高收入了，為什麼你還是一成不變？

別人身邊那麼多朋友，為什麼你整天獨來獨往？

一個無法忽略的事實就是，我們之所以常常被他們拿來比較，是因為拿我們和他人比較的家長們，他們從小就是在喜歡比較的家庭裏成長起來的。瞭解一下很多家長，雖然他們的年齡已經半百左右，但他們仍然是沒有自己的主見的，早已習慣於陷入鄰里親戚之間的比較。

看別人家的孩子考高分，就要求孩子跟別人家的孩子學習。

看別人結婚收了多少彩禮，就要求孩子不能比別人要的少。

看別人家的孩子結婚生子了，就一直催著自己的孩子也這樣。

有些人，在還沒有搞清楚婚姻意義的時候，就為了妥協家人的催婚，而倉促地結了婚，辦了一場好像每個人都必須要辦的婚禮。但如果孩子問為什麼要辦婚禮，為什麼不省點錢，父母他們就會說："你說的我都懂啊，但有什麼辦法呢，別人不都是這樣過來的嗎？別人都辦，你不辦，別人會瞧不起我們的，這肯定是說不過去的。"

但是，隨著我們不斷地成長，我們會發現自己能力的有限，很多事情開始放下比較，放下所謂的 "面子"，只做在自己能力範圍以內的事情，言語上也只說願意做的、能做到的，這樣我們不僅會感到輕鬆，也會讓自己過得更踏實。可很多父母和親戚依然在乎 "面子" 啊，他們從小就在熟人的圈子裏成長起來，根本沒有能力、沒有勇氣去放下他人的看法，也無法做到不去和他人比較，你若選擇做自己，他們會第一時間就來質疑你的選擇。

對他們來說，他們會用比較來定義自己、定義孩子的生活，但比較後如果發現不足了、落後了，又會變得極度沒有安全感。為了彌補這樣的不安情緒，就會總想著在某些方面與別人持平或是壓制住別人，好像這樣才能換來自己的安全感和"面子"。

需要明白，有的人就是喜歡獨來獨往，有的人就是不擅應酬，有的人就是感情事業走慢了一些，有的人就是只想追求單純而又快樂的生活，我們需要尊重個體的差異化，尊重每個個體想要追求的事物都是不一樣的。

很多時候我們寧願選擇去羨慕別人得到的、效仿他人做成的，卻始終不願意看到自己已經擁有的。太多的痛苦與不甘，只是我們太希望自己活成自己羨慕的那個人的樣子，或是活成值得別人肯定的那個人。

比較太累，獲得他人的認可太難，那就都放一放吧。

你可以去遠方闖一闖，如果累了，想回老家了，那就回來，不必在乎他人怎麼看你。

你可以晚點結婚，你有你的安排，你有你的生活節奏，不必在乎身邊人是否都結了婚。

你可以多去嘗試追求一些新的目標，哪怕身邊沒有人嘗試過，也不必理會他人對你的指指點點。

其實，我們都愛"面子"，愛"面子"是一種本能的心理需求，這種需求讓我們希望得到更多的尊重與認可。但前提是，"面子"得愛得合理，愛得坦誠。首先得勇敢面對一個真實的自己,如果愛面子的代價是讓自己疲憊不堪,讓自己變得更加地自卑,那倒不如放下比較,放下一些"面子",真正地為自己而活。

理解之難，因為我們終歸不同

01

前陣子回家，才發現老媽被一件事情苦惱了很多年，一想到就難受得不行。

她沒有辦法理解為什麼在很多年前，她對有些親戚朋友那麼好，生活裏的很多事情都想著他們、幫他們考慮，可他們卻沒有人願意領會她的好、考慮到她的感受，反而換來了言語上的打壓和偏見，她百思不得其解。

甚至有時候苦惱到流淚："為什麼就不能將心比心，為什麼真心就換不來真心？"

其實這件事情在現在的我看來，是一件無奈且正常的事情，可卻把她傷害了那麼多年。

當她有機會，就會與親戚說著她的難處與無奈，說出她是怎麼好心對他們的，而他們卻不能為她著想的很多往事。親戚聽著她的這些言語，內心並沒有太大的波瀾，這些傾訴的言語能觸動到的人，可能只有她自己罷了。這樣看來，即便她說出再多心酸的言語，對於無動於衷的聽者而言，也註定是蒼白且無力的。

是的，她很難過，但我沒有辦法完完全全體會她的感受，可能聽上去，我覺得不算什麼太大的事情，不去理會、及時止損就好了。但也許對於每個人來說，難過和脆弱的點都是不同的，我們每個人接受各種各樣挫折的能力，表現出來的回應也是不同的，並且經歷過她所描述的那些無助場面的人，並不是我。

　　嘗試站在老媽的角度，她會認為，我都可以站在你的角度想問題了，那你應該也可以做得到設身處地地為我想想吧？我都試圖去瞭解你、理解你了，你卻不理解我的難，還反而責怪我，你怎麼就不能將心比心？

　　而站在親戚的角度，無論你付出了多少口舌，讓他們來設身處地地為你著想，也許他們都無法與你共情，或者可以說，他們也許就沒有足夠的認知能力做到換位思考。況且，就算為你考慮，可以給他們帶來什麼實際上的利益和好處呢？

　　老媽之所以難受，是因為她固執地認為別人會和她一樣想、與她共情。

　　在對一個人好的時候，你覺得他們和你一樣，都有著足夠的同理心和認知能力。你認為你說了你的苦，他們就能懂你，認為你對他們好，他們就也會同樣關心你。其實你一開始就錯了，你的這些思維認知習慣，別人並不一定有，未來也不一定有，你投射出你所有的善良，給到很難換位思考的他們，那換來的結果，當然是覺得自己的內心受到了傷害。

　　換位思考，終歸只能為自己所用。我們要接受，即使我們擁有了足夠的共情能力和包容度，可以站在別人的角度去考慮問題，但是這樣做不一定可以換來別人對我們的換位思考。當你身處弱勢時，要求他人設身處地為你想本就很難，尤其他人可能都在努力希望過得比你更好的時候，你還讓對方去理解你、懂你，這本身就是矛盾且完全不可能的事情。

　　同樣，在你身處順境時，你與別人分享一件喜悅的事情。比如升職加薪，買房買車等。這件事情可能對你來說是件好事，你只是希望把快樂分享給他人，但在他人的眼裏，就會覺得你這是在向他炫耀，甚至覺得你這是在看不起他。

每次在家的時候，我會經常不斷地提醒父母，我們不能以自己的認知和思維模式為出發點去看待他人，這會讓自己很難走出生活裏的很多困惑。如果一個人的成長環境、經歷、處事方式、圈子都與你不同，你還要求他看待一件事情，擁有和你差不多的情緒、認知、理解，想想實際嗎？與其花了時間和口舌，讓自己的內心有一種對他人懂你的期待，不如接受很可能對方並不領情的現實，沉下心好好專注自己的事情。

所以，為什麼很多人在說，我們要做個善良真誠的人，但善良要帶一些鋒芒。這其實就是對自我的一種保護。做一件事情，你預設了一個結果，這個結果就是對方理解你的好意。你對一個人好，所以你就要求對方換位思考，記住你的好，明白你的好，甚至感恩你的好。

但現實中，往往一些身邊的人非但沒有看到你的善良，還覺得你好說話、甚至很好欺負。這個時候，我們要明白，平時為自己所用的換位思考，在別人的模式下已經不奏效了，我們需要守住自己的原則與底線，做出適當的回應方式，從而不允許自己的善良被他人利用。

02

一對父母責怪孩子："我們小時候多麼艱苦，那麼辛苦地工作，花了那麼多精力在你身上，你現在條件那麼好，卻那麼不聽話、不省心，你就不能體諒父母的難嗎？父母容易嗎？"

孩子低著搖搖頭，默不作聲，父母的責怪消停了一些，以為孩子在好好思考自己所說的話。

可往往到後來發現，有些話無論父母說了多少次，孩子也會再次犯類似的錯。一個再懂事的孩子，無論他多麼努力地換位思考，也沒有辦法真正體會到做父母的心境。

生活中，我們經常會說，換位思考是互相尊重、信任的重要條件。因為明白換位思考的重要性，所以我們不僅自己要學會換位思考，還要教孩子換位思考。但有時候，這些站在對方角度上的理解，是偏表面上的，比如想想朋友來家裏做客，他們愛吃什麼。想想面試的過程，老闆是否會滿意自己的狀態和表達。想想給戀人一個驚喜，對方會是什麼樣的反應。這樣類型的換位思考，好像每天都有在發生。

當事情變得複雜一些、更深層次一些，我們希望對方能夠看到我們的難、我們的累的時候，別人往往無法給出我們想要的回應，有些人甚至會無法理解、視而不見。這是為什麼？因為要求一個沒有和我們有一樣經歷和心態的人，去感受我們的心境，並且希望對方按照我們自己的思維方向想我們的問題，這本身對他人就是極高的要求。

有時候，我們對換位思考抱了太大的期待，甚至孤注一擲地覺得這就是別人可以體諒我們、懂我們的良藥。往往我們失望地發現，事情並沒有認為的那麼簡單。身邊的每一個人，他們都會根據自己過去的經驗、所受的教育等，結合自己的思考，來判斷生活裏事情的輕重。就像灑了半杯的水，有些人也許會抱怨怎麼那麼不幸，都灑了一半了。可有些人就會覺得，幸好還有半杯水可以喝。不同的人，看問題的方式和角度都是不一樣的。

在生活中，我們也經常會面臨一些朋友的求助，他們遭遇了一些不利的處境，希望獲得我們的換位思考。在換位的過程中，僅僅"換位"是不足以理解他人，還需要代入自己，嘗試用思考、感知和體會他人的經歷，才能有所共情，給出適合他人的一些建議或想法。

到這裏，很多人早就放棄了，我們會想，自己的生活已經夠忙碌了，為什麼還要換到這個"不利的位置"，來幫他人感受這些。並且也不是每個人都擁有足夠的共情和思考能力，這和他們的經歷、處事方式、從小的生活習慣等，都有著密切的關聯。

我們生下來就是不一樣的樣貌，從小到大，出身背景、受到的家庭教育、經歷等，都各不相同。這就導致了我們生活習慣、認知、做事方式，看待事物的角度等，也是千差萬別。未經歷與他人一模一樣的處境、背景、心酸，就會在我們嘗試幫別人思考事情的時候，本能地限制住我們為他人思考的方向，往往也就很難迸發出足夠的情感，來完全地包裹住他人喜與憂。

常常發現，哪怕身邊再親密的家人、愛人、朋友，當你遇到一件對你的當下生活極其苦惱的事情的時候，他們也許會來安慰你、並給出你建議。你的這件事情，在剛開始和他們傾訴的時候，他們受到了觸動，且對你表示同情，但一段時間後，他們也許會關心地問問你的情況，問問你處理的怎麼樣了之類，但已經沒有什麼觸動和感覺。他們還是會回歸到他們自己的生活節奏，回歸生活中對他們而言重要的事情。

所以，讓一個人站在自己的思考角度，試圖感同身受地去想他人面臨的問題，是一件困難到極致的事情。

一個老闆讓員工去站在他的角度考慮大局，可員工覺得我就拿這些工資，考慮你的那些事圖什麼。

一個長輩講訴著他年輕時候艱苦的歲月，對晚輩去提一些吃苦的要求，來體會他過去經歷的苦，明白他的不易。可晚輩就是在衣食無憂的環境下長大的，哪里能真正理解到，他當時生活的艱苦和不易呢。

一個妻子要求在外打拼的丈夫，體會她作為家庭主婦帶孩子長大的辛苦，可丈夫從來沒有親力親為地參與過孩子成長的很多細節。即便他說著再動人、再體貼的言語，又怎麼能夠深刻地明白她所有經歷的一切呢。

困難的時刻下，我們都希望以自己為中心，期盼著別人來懂我們，尤其是面對身邊親密的人。等待著他們過來我們身邊，來換位感受我們的"苦與累"。但要求別人換來我們這樣的"不利的位置"，來感同身受我們負面的情緒，以此來讓他們有所感悟，這實在是勉強不來的事情。

03

當我們遇到困難，會習慣於向他人傾訴。而他人遇到困難，也可能會來找我們傾訴。傾訴真的可以解決問題嗎？真的可以讓對方理解我們嗎？不管可以不可以，我們會習慣性地試一試，看看能不能讓自己的內心好受一些。

讀書的時候，成績不好，有壓力，需要傾訴。

失戀了，感到痛苦，需要傾訴。

步入職場，工作不順，需要傾訴。

背了貸款，生活之難，需要傾訴。

家人的不理解，需要傾訴。

傾訴是我們每個人正常的需求，找到一個同頻的且適合去傾訴的人，是非常不容易的事情。幸運的時候，我們遇到一個人，他從我們描述的經歷，分析問題的根源所在，給予我們一些辦法，使我們難受的心情逐漸好轉。

可有時候也會發現，無論是向他人傾訴的時候，還是別人向我們傾訴的時候，我們總是很難理解對方的痛點。明明你覺得不是什麼太大的事情，可在別人的當下，就是怎麼都過不去的坎。明明你覺得生活中遇到了天大的不爽，可別人看來，或許這根本就不算什麼，你居然還在糾結這種事兒。

我們經常在一些親密的關係中，都無法做到互相理解，誤會都時有發生。那尋求與朋友的深度共鳴，就可想而知其難度之大。終歸在一次又一次的感受中領悟，

總有一些心情，只有自己才會懂，

總有一些事情，只有自己才能扛。

總有一些選擇，只有自己才能定。

你會明白，你無法要求別人為了你的事情，陪著你一起難過。生活中再親密的人，他們可能也與你的心酸難過並無太大關聯，或者就算有關聯，也不一定能夠理解到你為什麼那麼難受，更不可能願意一直聽你說著一些負能量的故事。

另外，我們也要好好想想，如果無助難受的時候找到一個人就想傾訴，把自己的傷疤揭開給別人看，會發生什麼？也許知心的家人、朋友會和我們站在一起，努力鼓勵我們，嘗試給我們解決的問題的建議等。但如果找錯了傾訴的對象，別人很可能並不把你的話當回事。甚至如果是一些本就希望你過得不如他的人，可能表面同情你，內心還挺慶幸你遇到的難事他沒遇到，所以他感覺不錯，反而變向用自己的難受開導了他人。

不得不說，很多自己遇到的低谷和難處，經常都需要靠自己走出來。生活中不是誰都可以去傾訴的，就算找到適合傾訴的那個人，也不一定就能多明白你的心緒，一下子幫助你變得樂觀開朗起來。從不同的經歷中總結，把一些經驗和感悟，為

自己所用，不斷提升自己的抗挫能力、自愈能力，想辦法煉就一個更強大的自己，往往才是最實際的。

04

先講兩個故事，第一個故事。

孩子考試回家，緊張地把考卷拿給爸媽簽字，爸媽一看成績，怎麼都沒及格。

於是，把孩子訓斥了一頓："我們天天為了你，你就考這個成績，對得起父母的苦心嗎？"

孩子回到房間，要求家長幫助他制定學習計劃，下決心要努力學習。

功夫不負有心人，下一次考試，孩子及格了，成績提高了十幾分。

孩子回家後，本以為父母會很開心。父母卻說："人家誰誰家的孩子都快考滿分了。"

又過了半年，這個努力的孩子，在某一門科目已經快考到滿分了，父母依然輕描淡寫地說："都快考到滿分了，那幾分就不能不扣嗎？爭取拿滿分行不行？"

後來，孩子回家後，逐漸沒有什麼開心的笑容了，也不願意和父母多說話。家長卻百思不得其解："我們供你吃穿，供你讀書，你天天不開心什麼？我們做什麼不是為了你好？"

第二個故事。

一對男女朋友，因為生活上的瑣事，發生了爭吵。女生："這麼多年了，你每次做飯還是只愛做你愛吃的菜，你就不能做一些我很愛吃的菜嗎？你怎麼那麼自私？"

男生："你事兒怎麼那麼多？你愛吃什麼你說出來不就行了？有什麼好吵的，莫名其妙的。"

女生："我都說了多少次了，連這點小事你都記不住。你根本就不上心，以後能指望你什麼？"

男生："以前我對你怎麼怎麼樣，你難道忘了嗎？整天為這些小事吵架，你就夠體貼我嗎？天天抱怨這個那個。"

女生："你確實變了，你以前剛和我談戀愛的時候不是這樣的，我現在說什麼你都來怪我。"

後來，他們之間的爭吵越來越多，怎麼爭都覺得自己說的沒錯，彼此都覺得是對方的問題。

從懂事的時候開始，我們就不斷地說要顧及到他人的感受。傾聽別人遭遇的時候，我們大多都是包容且願意努力共情的，甚至面對一個並不熟悉的人，都可以聽對方傾訴很長時間。可太多時候，面對自己身邊最熟悉最親近的人，對於他們的努力和付出，我們可能已經習慣，甚至覺得理所應當。而當他們在一些事情的處理上，對我們有考慮不周、或是達不到我們期望時，我們往往表現地很強勢。

親密的人，有時候是我們的保護傘，當遇到事情，他們是我們需要依賴的人。可是，在生活中，最容易被我們苛刻要求的人，也是他們。嘴上把事情形容地很簡單，說著你難道不應該為我想到嗎？你難道不應該做得更好嗎？用類似略顯強勢的言語試圖說服對方，來讓別人意識到他們做得是不夠的，而我們自己是沒有問題的。有些情況下，原本在乎我們的人，他們已經願意去理解我們，並為我們做出改變，我們卻還在要求他們更多。

可事實就是，再怎麼親近的家人朋友，甚至從小就一起長到大的兄弟姐妹，也不可能什麼都能想到一塊去，身邊的人對我們再怎麼好，也不可能每件事面面俱到。

再聽話再懂事的孩子，也無法按照家長的思維認知想問題。

再細心再包容的伴侶，也無法為彼此的感情經營做到事無巨細。

再熟悉再知心的朋友，也無法為你的難過表現出同樣的傷心程度。

有時候，我們把關心、包容、耐心給了並不熟悉的人，甚至陌生人。但那些愛我們的人，對我們付出了真心和耐心的人，是不是很多時候對他們的要求太過於苛刻了？

親密關係，是需要求同存異的。但"求同"似乎不難，接受"存異"，卻需要更多的理解與包容。要求他人和自己在同樣的思維頻道，卻忽略了他們都有著不一樣的認知和成熟度，怎麼可能什麼事都順著你的心意走。你認為輕而易舉的事情，也許他們想不到、也很難做得到，你認為他們是和你最交心的人，所以就應該要更懂你，其實你是否做到了完完全全地懂他們呢？

感同身受是那麼地不容易，多給親近的人一些空間，不要因為對方沒有為我們考慮到一些事情、沒有達到我們的期待，就使彼此的心理距離拉遠。接受彼此在一些事情上可能有不同的思考角度，也接受各自思想的局限性。不奢求任何事情都在彼此之間得到理解、認可，只希望尊重和體諒常常包裹住本就親密的關係，讓溫暖常在，讓感動常在。

理解之難，因為我們終歸不同，親密關係需要理解，但更需要體諒、包容。以一顆感恩的心，來面對親近的家人朋友。在要求他們之前，我們得先告訴自己，他們是獨立的、不一樣的個體，其次才是身份角色。我們不能用我們自己的思維習慣，去定義他們的處事、思考，而是拿出我們的包容與鼓勵，給到他們。

當他們有了更多被體諒、被尊重的感覺，變得更加樂觀開心時，想必我們也會更滿足、更快樂吧。

走出偏見，放下偏見

01

回想起來，從很小的時候開始，老媽就經常被一些偏見或略帶諷刺的言語，搞得又生氣又難受，就比如，

"你家孩子學習這樣，需不需要多跟我家孩子交流交流？"

"你一個家庭主婦，天天就在家帶孩子，有什麼好累的，還好像委屈了似的？"

"你沒去過很多地方，又沒什麼社會的閱歷，你哪能明白一些事？"

她一直思考著，別人為什麼會這麼去說她？別人憑什麼可以這麼說她？

所以，每次一旦有機會，見到對她有偏見的人，她就想據理力爭。從問題的本身出發，告訴他人，自己不是他們想的那樣，她對家庭的付出有多麼的重要，她對我的學習有多麼的上心，她平時都做了什麼來提升自己等等。

可是，面對他人偏見的言語，我們是辯駁不完的。你說再多的話，可能也很難改變一個人對你的看法，更何況面對一個對你本就有偏見的人。

這些話說出去後，在他人的思考裏，可能只有兩種結果，一種就是他們覺得你心虛，否則你為什麼要說那麼多話來維護自己。要不就是他人聽了完全沒什麼感覺，聽完繼續忙自己的事情去了。

在很長的時間裏，她從來都沒有想過，如何用一種"四兩撥千斤"的回應，來讓對方看似不友好或刺耳的言語，有種打在"棉花"上的感覺。她思考的總是，如何可以更好地為自己解釋、如何更好地證明自己。好像只有這樣，別人才會更容易懂她。

直到有一天，我發現她依然糾結其中，就給她舉了一些例子。

我有個女生朋友，她在讀研究生的時候，合租住在一起的朋友有一天突然問她："你那麼長時間都在讀書，不用工作，是不是在經濟方面，還是蠻需要依賴你老公的？"

她沉默不語，內心蠻難受的，只能向和她的老公訴苦："為什麼好朋友會這麼想我，是不是對我有偏見，瞧不起我，才會這樣問我。"

她的老公一聽就笑了，對她說："你可以順著她的話說，你就說，我沒我老公幫忙，肯定是不行的，有老公為何不靠？"

"不管你有沒有真的靠我，臉皮厚一點，又怎麼樣，你就這麼需要她認可你嗎？"

她一聽也笑了，想想覺得有道理啊，其實完全可以不用在乎對方是怎麼想的。與其嘗試去解釋，把面子看得那麼重，不如輕鬆一點，順著對方的話說，好像事情反倒簡單了不少。

這也讓我想起了以前自己在職場上的一次經歷。

當時，有同事對我說："有誰誰在背後議論你，說你雖然是留學生，學歷不低，但是好像工作能力也不過如此，連什麼什麼都做不好。"

我想了一下，然後說："他們說得確實沒錯啊，某些方面確實工作能力還不夠啊，有時間還得多討教、多學習才行。"

同事繼續問："工作上，你付出了蠻多的，也很努力，結果還被他們在背後議論，你心裏應該也挺不好受的吧？"

我說："議論就議論唄，對我也沒造成什麼損失呀，平常心看待，開心最重要。"

之所以選擇以這樣的方式回應同事，其實就是放棄了花很多的時間，去表達那些試圖證明自己的言語。我更願意以平和的心，專注於自己的生活和工作節奏，不糾結於他人看待我的眼光。

回到老媽的問題，我對她說，當他人帶著偏見質疑你，或是質疑我們家庭的生活模式，你其實完全可以這樣說："我不行，我其實啥都不懂，誰讓我沒見過啥世面呢，我要找時間跟您家多學學才行。"

她思考了一會，然後說："確實也有道理啊，何必花那麼多口舌證明自己，真是吃力不討好，要是有人早點告訴我這些就好了。"

對於他人對我們的偏見、認可或不認可，我們可以試著問自己一些問題。

別人言語上認可我們，那就真的可以代表對方是真心實意的嗎？

就算真心誠意，那又會給我們自己的生活帶來多大的提升？

而如果別人言語上真的對我們有偏見，那是否又會在實質上降低我們的生活品質？

我們都是渴望被認可和被尊重的，都需要在肯定中認可到自己角色的價值。但通常會發現，理解我們的人，一件事不需解釋太多，他自然明白。不懂我們、還甚至對我們有偏見的人，說的再多，也無力改變什麼。

當你有了不錯的經濟基礎，有人就會覺得你一定是瞧不起他的。

當你去了國外留學，有人就會覺得你一定是學習不好才會選擇出去的。

當你去了外地工作，有人就會覺得你一定是不孝順父母的人。

有時候，面對一個對我們本就有偏見的人，我們太希望證明自己的價值了，太希望改變對我們的誤會了。你滔滔不絕地講著你其實是什麼樣的人、做了什麼樣的事，來去證明自己，試圖扭轉別人對我們的偏見，這太難太難了。

對於一些偏見的言語，我們完全可以見招拆招的。只要內心時刻提醒著自己，面子沒那麼重要，不用太過在意別人低估自己，誤會自己，不懂自己。

所以，放棄向他人證明自己，專注於自己內心真正感興趣的事情。當自己專注下來，認真走自己路的時候，那些想要拼命向別人證明的衝動，就會越來越少。

放下一些不必要的紛擾，騰出雙手，重新擁抱一個更輕鬆、更成熟的自己。

02

2003 年,我還在上小學。

有一次,因為前一天晚上不舒服,所以早上來上課完全沒有狀態。

課堂上,大腦昏昏沉沉。本來就沒有認真聽課,結果還"運氣好",被老師喊起來回答問題,結果當然就是我什麼都答不上來。

老師嚴厲地問我:"這道題,昨天我剛佈置了作業,你怎麼做不出來?你回家沒有做嗎?"

我:"因為前一天感冒,身體不舒服,所以沒有寫作業。"

老師:"你就是不想寫作業,我看你不像生病的樣子!學習不行,倒挺會狡辯。"

老師:"小小年紀就撒謊,不好好學習。你看看其他同學上課多認真,再看看你,不覺得差距很大嗎?"

然後撕了我的作業本,讓我去走廊上罰站。

回家後,我並不敢與父母說,因為那時候的父母可能會站在老師一邊,覺得我作業確實沒寫完,被老師懲罰是合理的,甚至可能再訓斥我一遍。

思緒拉回二十多年前,從我開始上小學之後,父母就不斷地教育我,在學校要與人為善,要好好表現,要努力取得老師和同學的認可等等。但是,好像很少教過我,如果遇到很多來自老師同學的否定、偏見以及不認可的時候,我應該怎麼辦?我應該如何安慰自己?我應該如何肯定自己其他方面的長處與價值?

以現在的眼光和成熟度，再看二十多年前的這次經歷，會覺得這是一件很小的事情，完全可以不用當回事的。但奈何那時童年的自己，並沒有化解偏見與誤會的心智，陷入了一小段時間對自我的否定與懷疑。

我依然記得，這次經歷之後有段時間，我每天走路喜歡低著頭，步伐也變得沉重，總是覺得上學的路程是那麼地煎熬。好像我只要學習成績不好，不愛寫作業，我就不是一個好孩子，我就辜負了父母和老師的期望。是的，我的學習成績本就不夠出色，再加上這件事，就更難得到老師的認可。

可那時候的我，真的不是一個好孩子嗎？回頭想想，我的童年有很多的優點，比如體貼父母、喜歡和同學分享、幫助他人、愛勞動等等。但是，因為我學習不夠好、作業做不好，就不得不承受了一些偏見的言語和負面的情緒。

為什麼一件這樣的小事，會讓童年的我那麼難過、自卑？也許就是因為受到偏見的經歷，給曾經的自己帶來了一些內心上的傷害。在老師刻板的潛意識裏，她就很容易覺得，像我這樣的孩子不願意做功課、不認真聽講，所以學習成績才會那麼差。這不僅誤會了我，還施加了偏見，用不好教育、不知進取、喜歡狡辯這樣類似的詞語來定義還只是一個學生的我，得出了非常片面的結論。

二十年過去了，時間早已治癒了我，這樣的偏見，在我的生命裏早已一笑了之，我也在經歷中越來越強大。同時，我也並不會以現在的眼光，去看當時老師對我的偏見，也許現在的她，也在不同的教育經驗中得以總結，逐漸摒棄一些刻板的印象，積極而辯證地看待每一個學生的潛力、優點，變得更加成熟、包容。

這件事情也讓我想起來我朋友的一個經歷。

　　高中時候，我有個玩的很好的朋友，也是我的同學。他學習成績很差，因為成績上不去，總是免不了被班主任老師訓話，甚至有過被班主任當著全班同學面批評。

　　有一天，這個同學他在操場上打籃球，班主任也在隔壁的球場打球。

　　"咣"的一聲，在隔壁籃球場打球的班主任，直接因為身體對抗，鼻子被撞出了血。

　　事情很突然，很多同學站在遠處，看著鼻子一直流著血的班主任老師，不知道怎麼辦。

　　我的這個朋友看到了，直接快步走過去，給了班主任老師兩張紙巾。

　　他後來告訴我，當老師看到他拿著紙巾，快速走過來的時候，老師的眼中帶著詫異，覺得很意外。

　　可能老師不會想到，第一時間來幫助他的，並不是他經常表揚的那些同學以及班級裏學習好的學生。卻是經常被他批評的，成績末尾的學生。

　　也許在我們成長的過程裏，或多或少因為各種原因，都被老師、朋友、甚至家人有所偏見過。但很多年少時候遇到的偏見，隨著我們長大、閱歷的增加、以及和家人朋友的溝通，早已不再執著於其中，逐漸釋懷、放下。這些被偏見的往事，反而成為人生路上的經歷，讓我們得以有所感悟，見證自己從一個不斷磨礪的少年，成長成為現在的大人。

　　偏見不僅僅存在於學生時代，即便我們已經長大，也會在生活中遇到很多的偏見。比如，胖了就會很容易被說不好看，到了年齡沒有對象就會很容易被說沒人要，學歷不夠就會很容易被說發展機會有限等等。

一些偏見會讓我們變得不自信，經常在懷疑是不是自己做得不夠好、不夠優秀，所以他人才會這麼說。有時候，我們確實在一些方面做得有瑕疵，同時自己也正好願意去進步、改變，那就微笑接受自己這方面的不足，把偏見當作對自己的一種勉勵。在勉勵中，如果能夠變得更好，那就是一件幸運且開心的事情，但如果我們經過嘗試，很難改變這一方面的現狀，那也接受這樣不完美的自己。

有些偏見可能是他人對我們的嫉妒，嫉妒我們在某些其他方面做得好，所以就一定要挑出一些你還沒有做到的事情、還做得不夠好的事情，來給你潑冷水。用這樣的方式來告訴你，雖然你一些方面做得不錯，但你還不夠好。

還有一些偏見的言語，是完全可以無視的。有些人和我們並不熟悉，甚至還算不上身邊的朋友。他們在並沒有全面地瞭解我們的基礎上，對我們一些偏見的評價，又有多大的參考意義呢？真的沒有必要太過在意。

03

偏見無處不在。生活中的我們，不僅僅被他人偏見看待過，自己可能也很容易對他人有所偏見。有時候，我們可能不經意的一句話，就摻雜著略帶偏見的表達，讓別人感覺不太舒適。

對於我們自己來說，當感受過一些偏見給我們帶來的負面影響，就很容易明白，被他人所偏見並不好受。所以，換位想想，我們的偏見也會給他人帶來心情不悅，甚至心理上的傷痕。

也許，每一個人都有看待不同事情的"標準"，這些評判

"標準"，對於很多人而言，是很難改變的。比如，有人認為孩子就應該一直留在父母身邊，認為男人到了三十歲就應該有房有車，認為工作幾年就應該升職加薪，認為不買大鑽戒就是對方不夠愛你，認為學習成績一般的學生，就是不努力不上進的學生等等。

當別人的生活和處事，沒有達到我們所認可的"標準"，就很容易對他人有所偏見，但其實有些偏見，只是"刻板的印象"。有時候，我們只看一件事情的表面，或是只聽了對方說了幾句話，就拿出自己心中的"標準"來做出了評價。

在還不夠瞭解事情全貌的時候，我們是沒有資格對他人做過多的評判和論斷的。

就像一個經常在校打架，回家就和父母吵架的少年，不想讀書，經常就要離家出走。

聽了這些，也許你會做出評價，認為他不懂事，太讓父母操心，怎麼不好好學習等等。但是，後來當你瞭解到他的父母整天吵架，整天只知道打壓他，從來不鼓勵他的時候，可能又會心疼這位少年。

如果習慣於對一件事不去瞭解太多，就很快得出結論，並對他人有所偏見。這往往是片面的，也是對他人的一種傷害。被誤會被偏見的他人，若是還沒有塑造出強大的自我認同意識，很可能因為這些不友善的言語，陷入自我的懷疑，甚至一蹶不振。

當我們放不下偏見和一些"刻板印象"的時候，會很容易做出一些固執、甚至完全錯誤的判斷。只瞭解事情的冰山一角，就去對應自己的那一套也並不全面的評判"標準"，這當然很局限，也讓自己錯過了很多傾聽他人的機會。當我們對身邊的家人和朋友，有一些偏見或"刻板印象"的時候，不僅會讓他們感到不被理解認同，我們自己也會感到苦惱和難受。

放下偏見，對他人多一些的耐心和瞭解。多經歷不同，從不同的經歷中總結，與不同的朋友多交流，提升自己思維的包容度，才能更加全面地看待自己身邊的人和事。

很多時候，之所以不理解很多事情，不認可很多事情，因為我們不願意改變"刻板印象"，不願意改變內心原有的一些"標準"。改變這些很難，就像過去的我，總是覺得自己是一個內斂的人，所以無法在臺上講很多話。但後來我認識到，這其實是一種對自己的偏見，因為偏見在，所以我在還沒有嘗試的情況下，就拒絕了一些社交活動，也錯過了和很多人交流的機會。直到後來，因為學業，我不得不與很多人分享交流的時候，我才發現我可以講得很好。原來從很早以前開始，我對自己抱有的一些"刻板的印象"，其實根本就是不准確、不全面的。

事物要看多面性，在下結論之前，多一些瞭解，多一些嘗試，更多一些思考。不以自己的思維認知去框定別人，定義自己。

04

"你學習不好，肯定是偷懶了，從來就沒好好努力。"

"就你這樣，能考上什麼學校？"

"你怎麼想的？怎麼會選這種專業？"

"這種事情你都不懂我，你肯定是不愛我。"

"你怎麼這種事情都做不好？你還能做好什麼事情？"

"你工作能力不行啊，你應該和誰學學。"

"別人怎麼就能怎麼怎麼樣，你怎麼就不能？"

……

仍然記得過去的一些時候，當他人對我有所偏見時，心裏的難受與不甘，甚至 些身邊親近的人對我的偏見與責怪，更是在當時的內心裏，留下了一些傷疤。但當時間來到現在，對於我自己來說，無論是很多事情的本身，還是對我有偏見的人，我都早已釋懷。甚至原諒了很多對我有偏見的人，與他們笑著聊起一些往事。

這當中有很多原因，可能是經歷了一些事，覺得辯駁或不辯駁，又會怎麼樣，還不如過好自己的每一天。也可能因為有些人看問題的角度著實有限，或是認知不夠。自己嘗試去換位思考，逐漸意識到他們為什麼會說出這樣帶有偏見的言語。但更重要的原因，其實還是為了自己。

也許你會說，就這麼釋懷傷害過我們的人和事嗎？就這麼忘記偏見帶給我們的委屈嗎？如果原諒他們，讓他們知道我們不再糾結於一些事情、一些言語，那豈不是還讓他們放鬆了？其實歸根結底，釋懷不是為了他們，而是為了讓自己更放鬆。記恨一件事情，記恨傷害過我們的人，長時間下來，是一件會令自己感到很疲憊的事情。

你覺得，自己的內心因為他們的偏見，而有了傷疤，所以需要他們來和你道歉，需要他們來告訴你，他們已經不再對你有偏見。只有他們這樣做，你覺得你的內心才會好受些，才會釋懷些。

　　但是，這並不容易。覺得愧對你、誤會你的人，也許他會和你道歉，但他們並不會真正意識到自己的問題所在，在未來，他們還是會以同樣局限的思維去看待他人，既然他們的認知和偏見無法改變，那就只能調整好自己的心態，讓自己放下。

　　有時候，我們會固執地認為，別人對我們有偏見，讓我們心裏難受，所以別人以後肯定會遇到什麼不順利的事情，這些傷害我們的人，遲早也是會吃虧、受罪的。但這樣的心態其實一直束縛了自己，不斷用他人的錯誤和片面，來懲罰自己的情緒，把自己困在那些委屈的記憶裏，讓自己沒有辦法在未來輕鬆面對類似的事情，沒有辦法從容面對那些對我們有偏見的人。

　　有時候，一些被偏見、被傷害的事情，只有放下，也不得不放下。

　　只有放下，才能不再糾結於過去的事情。

　　只有放下，才能更從容、更放鬆地為未來騰出雙手。

　　只有放下，才能減少怨恨的負能量，換取更多內心的平靜。

　　也許我們都曾被他人的偏見所傷害，失落過，難受過。放下和釋懷，並不會撤回他人對我們的傷害，撤回那些偏見而刺耳的言語。但是，卻可以換來自己的放鬆與從容，在未來遇到相似的傷害的時候，不被負面的情緒所左右，以一個更強大、更成熟的心態，去迎接未來的路。

　　如果你還是無法釋懷、放下，那就暫時選擇接受現在這樣的自己。給自己時間，相信時間和經歷也會幫助你慢慢卸下心裏的包袱，讓你有所感悟，找到適合自己的處理方式。

　　不被偏見拖累，更不被他人的傷害所打倒，向前看，前方的路更廣闊。

第三章 一路奔跑，一路成長

允許，和別人不一樣的自己

挫折與焦慮，是你趕不走的朋友

事與願違，也許另有安排

謙卑之心帶我們走更遠

友情的告別，總是悄無聲息

致未來的另一半

允許，和別人不一樣的自己

從我記事開始，身邊的長輩好像就希望我走一條"按部就班"的道路，好好學習，然後考上大學，找一份穩定的工作，再然後結婚、生孩子等等。這些步驟一環扣一環，如果某個環節"偏移"了一點點，或是做晚了一點，都會被當作是不小的"問題"。

而通常怎麼處理這些"問題"？往往就是要看看別人是怎麼做到"按部就班"的，多學習一些身邊有"經驗"朋友的想法。

讀書的時候，學習成績差，父母希望向"優秀"同學的家長學一學，也希望我聽聽學習好的學生是怎麼學的、怎麼考高分的。

工作的時候，遇到挫折，就會習慣於聽取生活裏那些有工作經驗的同學或朋友的建議，聽聽他們是怎麼克服挫折，然後升職加薪的。

久而久之，好像養成了一種要看著別人的節奏，來左右自己生活方式的習慣。

事實上，虛心學習他人對努力追求一個目標的堅持，思考他人給予我們的一些建議，往往是值得且珍貴的，並且還可以拉近與他人的距離，建立起更好的關係。

可無論再怎麼學，其實都沒有辦法完完全全複製他人的心態、成功、做事風格等等，也許他人說的都是有道理且用心的，但未必是最合適自己的。

生活中，我們經常習慣於用別人的標準、別人的經驗去勸誠自己，似乎他人走的路，才是最好的，最適合我們的。

別人是怎麼怎麼樣過來的，所以我們也要走什麼樣的路。

別人的話如果我們不聽，我們就是要吃大虧的。

別人是苦過來的，你為什麼就不能多扛著，否則你怎麼配擁有和別人一樣的生活。

因為這些類似的忠告，我們會觀察著別人的生活，看別人的狀態來跟進自己的生活節奏，並給自己的生活下定義。就拿催婚這件事情來說，如果你問爸媽，為什麼小的時候學習比不過別人家的孩子不能湊合，學習的時間少了些不能湊合，考大學選擇專業不能湊合，工作沒有別人好不能湊合，可偏偏結婚這件人生大事就可以接受湊合得了。但如果你問父母這是為什麼，他們可能也很難給出一個你信服的答案，可能會說，年齡到了，或是誰誰家的孩子都結婚了之類的說法。

別人不能湊合的事情，自己也不能湊合。

別人已經完成的事情，自己也不能落下。

別人做不到或沒去做的事情，自己也不去嘗試了。

一對母女因為辦婚禮的事情吵架了。

女兒："現在手裏余錢不多，掙錢也不容易，兩個人互相關心，開開心心把日子過好，才是最重要的，而且我對婚禮的儀式並沒有太大的興趣。"

母親："那怎麼行，你得給父母一個交代啊，養你那麼多年容易嗎，今年必須把婚事給辦了。"

女兒："辦婚禮的主角應該是我，我不喜歡辦婚禮這些流程，更不喜歡站在臺上被那麼多人看著的那種感覺。如果有辦婚禮的錢，那我會更希望能把這些錢攢下來，為以後小家庭的生活添磚加瓦。"

母親："你說的也許沒錯，但你這樣太自私了，你不考慮父母的感受嗎？你必須要辦的，別人都辦了，你不辦，別人怎麼看我們？"

在互相試圖說服彼此的過程中，儘管女兒可以說出很多個不去做這件事情的理由，但女兒的媽媽還是無法接受。媽媽覺得，別人都是這樣過來的啊，如果別人都做了，自己不做，這樣的話，不就成了"異類"了麼，被他人指指點點可怎麼辦呢。

因為不知道什麼樣的生活方式是最合適的，也不知道如果選擇一條不一樣的路，會被他人如何看待，所以選擇和大多數人一樣的生活方式，才會覺得是最有安全感的。所以，在生活裏的很多時刻，如果你想追求開心的、隨心的、但又與別人不一樣的生活方式，也許家人就會說："怎麼別人都踏踏實實的，就你不省心，明明就是普通人，還非要搞特別。"

出生年代的不同，造成了思想上的差異化。年輕時候的父母，他們每天想著自己有份穩定的工作，孩子安安穩穩上學，然後取得不錯的成績，這樣按部就班的生活就挺好的。即便他們自己的內心有關於精神層面的追求，也受困於身邊人的眼光，不敢於勇敢地表達自己。

但是，現在的年輕人，他們越來越關注精神層面的需求，有些年輕人就是喜歡體驗不同，喜歡挑戰自己，或是讓自己有一些不一樣的人生經歷。他們認為，自己既沒有傷害誰，也沒有不上進想著啃老，為什麼不能有權利選擇自己想要的生活方式。

我們需要有自己的主見，來為自己的人生做出選擇。別人的經歷往往只是參考，選擇什麼樣的專業，選擇什麼樣的伴侶，選擇什麼樣的心態，以及選擇什麼樣的生活方式，其實都是由自己決定的。只是在這之前，你需要花時間明白自己想要什麼，適合什麼。

在實際生活中，我們通常還沒來得及好好思考，還沒來得及好好花時間去瞭解自己，就因為家人對我們的期待，或是安全感的缺乏，倉促著去瞭解他人的情況，收集他人的觀點。

有時候，在過於在意他人的生活節奏，在意他人的觀點和想法的前提下，無論最終做出怎樣的選擇，都可能會陷入偏見的漩渦之中。

如果花了很長時間，諮詢了他人的意見，但最終還是沒有借鑒他人的思路或經驗，一旦遇到挫折，然後再找到他人傾訴，也許你等到的回答就是："為你好的話，你不聽，早就讓你聽我的了。"

如果聽取了他人的建議去做一件事，卻還是沒有達到滿意的結果，他人也許會說："你肯定還是不夠努力。"或是，"我都是為你好，哪知道你搞砸了。"

因為這是你的事情，與他人沒有什麼關係，無論事情如何發展，別人都不用為你承擔任何結果，所以他們怎麼說都有可能。伴隨著年齡的增長，我們會站在很多人生的十字路口，但前方的路，總要學會自己走，總要學會為自己做決定，總要為決定承擔全部的結果。

沒有必要在無數別人的故事裏，低效率地模仿著，甚至都沒有來得及思考自己是什麼性格、是否合適、自己想要追求什麼的時候，就已經參考他人的經歷，給自己的人生下了定義。

反思自己，其實剛剛畢業後，因為對職場的未知，我總是去諮詢很多人的意見，說什麼的都有，我也很感謝不同家人朋友的分享與建議。但我自己，在沒有好好地去思考自己職業規劃的情況下，就全盤聽取了身邊一些人的建議，投入到了一個還不知道適不適合自己的工作。

別人有益的言語，我們接納。

別人的優秀的品質，我們肯定且學習。

但別人的一些做事方式、生活節奏、甚至"成功"經歷，我們不必刻意地效仿、複製。過於擔心和別人不一樣，會讓我們沒有時間看看許多其他的風景，忘記了人生其實本就是一場未知的旅程。

倘若我們都可以做自己想做的事情，願意做的事情，遵從自己內心的聲音，不必擔心和別人不一樣的想法。那也許我們也會更加開心地去珍惜自己生活裏的每一個當下，儘管這真的不容易。

去追逐一個，屬於自己的精彩風景。在通往風景的道路上，並不一定要取得什麼成績、得到什麼結果，只需尊重自己的感受，不辜負自己就好。很多時候，你不是沒有選擇、不能選擇，只是需要一些勇氣，來為自己好好做選擇。

你可以選擇熱烈地為了夢想拼搏，如果你非常享受努力的過程，也願意接受任何的結果。

你可以選擇獨來獨往，如果你覺得這樣的你，會是最開心最輕鬆的自己。

你也可以選擇安逸，如果你覺得平淡而又知足的日子，是幸福快樂的。

...

生活的有趣，正因為你我有著不同的心態和故事。世界如此的多姿多彩，也正是因為我們每個人的與眾不同。過什麼樣的生活，本就沒有一個標準的公式，接受和別人的不一樣，也保護好自己每一個不一樣的特質，不去計較別人怎麼看待自己，也不片面地去論斷他人。

生命本就是一場奇妙而自由的旅程，我們沒有理由在別人的眼光中得過且過，更沒有理由複製粘貼他人的人生，做最真實的自己就好。

挫折與焦慮，是你趕不走的朋友

01

思緒拉回到過去的時光，在成長經歷裏，遇到的很多挫折，都曾令自己感到很焦慮、很難熬。

九歲，我被點燃的氫氣球燙傷了臉，哭喊著沖到父母的身邊，他們拉著我趕緊去了醫院，幸運的是，只是灼傷了表皮。但每一天的恢復過程，以及同學看著我的眼光，對童年的自己來說，還是難熬了些。

十一歲，小學五年級，學習成績班級倒數。有一天下午，老師要求做完作業並交了作業的同學才可以回家，我看著一個又一個同學都交完作業回了家，自己卻依然留在教室寫作業，直到班級只剩下我一個人。可作業的題目對我來說實在太難，我怎麼也寫不完，後來父母看我一直沒有到家，去學校把我接了回來。坐在自行車後座的我，一句話也不說，只覺得自己太笨了，我的學習怎麼那麼差，怎麼什麼都做不好。

十八歲，一場"最重要"的考試。炎熱的風吹在臉上，一個憂慮又難熬的夏天開始了。望著遠方，不知道未來的路在哪里。那個曾經每天五六點起床，淩晨才睡覺的自己，為什麼付出了努力，卻沒有取得自己滿意的回報。我開始自卑、焦慮，篤定自己是不如別人的，那些考得好的同學，他們的未來一定會比我精彩得多。

十九歲，第一次分手。第一次體驗到，原來分手是如此無助的感覺。在無數個夜晚，我都在以一種消沉的情緒，不斷地反思，是不是我做得不夠好，是不是只要我做出一些改變、進步，我們就不會走到這一步，連聯繫都成為一種奢侈。直到後來我明白，原來有些人，無論如何挽回，都是註定要離開你的，都是註定要教你成長的。

二十二歲，啟程去澳大利亞讀研究生。在飛往澳大利亞的飛機上，緊張得一夜未眠。一個在父母無微不至的照顧裏成長起來的我，第一次出國。剛去的時候，上課經常聽不太懂，沒有什麼朋友，英語也不太會說。孤獨與焦慮填滿了很多個夜晚，只能不斷地給自己加油打氣："度過這兩年，我會不一樣的。"

二十五歲，第一次離職，裸辭。離職前，進入社會才剛剛一年多的我，想尋求一些父母的建議，但一輩子沒有離職過的父母，覺得這是天大的事情。顧慮非常多，覺得我離職了，可能就再也找不到更合適的工作了，甚至擔心我長時間失業可怎麼辦。這導致我在離職前，非常焦慮，不知道自己的決定是否正確。

除此以外，還經歷過工作不被領導認可、想做的事不被親近的人所理解等等。

以上的這些事情，在曾經的時間節點，都曾讓我感到焦慮，對當時的自己來說，算是一個不小的挫折。但當時間來到現在，回首過往，原來自己已經克服了很多生活中的"難題"，

有些過去的挫折與坎坷，在現在的自己看來，甚至連"坎"都算不上。

就像畢業那會，剛剛進入職場的我，把工作中遇到的很多事情，看作是我面臨的挑戰和挫折。

做得不好，就很沮喪，心想自己花了很多時間，卻遠不如別人用了一半時間達到的效果。

批評我了，就懷疑自己是不是哪方面沒有做好，但做起來又真的很複雜、很有壓力。

誤會我了，就很洩氣，心想著自己的努力怎麼沒有被看到，怎麼只看到我做的有瑕疵的地方。

直到完成了一份工作任務，並得到認可，我的內心才能安定一些。但當又有一個新的工作任務來臨，發現自己可能也很難做得很完美的時候，就容易再次陷入這樣的負面情緒。

一段時間後，我突然意識到，在面對工作中的沮喪，以及領導同事對我的負面評價時，很容易讓我暗示自己"我不行"，"這很困難"，"別人就是做得比我好"等等，這對自己來說，不僅沒有任何的工作上的幫助，還打擊了自己的自信心。

我開始轉變自己的心態，不斷提醒自己，工作不是生活的全部，不要因為一份工作，而讓自己經常性地沉浸在負面的情緒裏。

接受自己是一個剛畢業不久的年輕人，所以做得不完美很正常。

接受別人對我的批評，對有些批評和建議，加以改正並提升自己。而有些批評，就看作誤會好了，不必急於證明自己，多發掘自己在生活中做得好的方面，懂得肯定自己。

接受可能會面臨一些突如其來的工作，做得好、做得不好，少抱怨，盡力而為就好。

也接受最壞的結果，哪怕領導同事還是不認可我，那也沒有關係，重新找新的工作也不是不行。

同時，也根據不同的工作內容，制定出適合自己的計劃，先完成哪一個，再完成哪一個，按照自己的節奏一步步來。

慢慢地，從每一次的驚慌失措，到後來的逐漸從容，各個解決。這些似乎都在提醒著我，如果在下次面對類似的事情，不用著急，完全可以更自信、更從容一些。

人生沒有白走的路，每一次的蛻變，都是從挫折中走出來，並得以有所感悟的時刻。一些在當下覺得是多麼難跨越的坎、多麼難治癒的心情，在人生的長河裏來看，可能沒什麼大不了。

感謝那些艱難的經歷，因為當真正面對挫折時，才會逼迫著我，嘗試去找一個又一個解決的辦法。這些經歷就像一堂又一堂珍貴的課程，教會我如何重新出發，也培養了毅力、耐心、智慧等。

生活中那些艱苦的經歷，那些沮喪的日子，都是人生中的財富，從這些經歷中獲得的感悟、思考與成長，遠遠勝過任何他人所傳授給我的經驗與感受。

一些曾感到艱難的日子，在磨難中，塑造了更強大的自己。

一些曾以為過不去的坎，再回過頭看，原來都已經成為了生命中的一些小事。

一些抱憾很久的選擇，其實在兜兜轉轉之後，有更好的安排在等待著你。

我們不可能一直處在順境之中，在不同的人生階段，都會遇見不同類型的挫折與坎坷。但是，沒有什麼事情真的是過不去的，沒有什麼坎是無法跨越的，只是這些困難什麼時候過去，以什麼方式過去。生活就是見招拆招，遇到什麼事，就想辦法解決，如果仍然找不到解決的辦法，也坦然接受，交給時間和閱歷，交給未來更有能力戰勝困難的自己。

某個將來的時間點，一定都會過去的。

02

生活中遇到難事的時候，往往就很容易陷入焦慮的心情。

焦慮的時候，一些身邊的家人，朋友，經常會以一種過來人的心態，試圖安慰並告訴我們，如果我們完成了一個既定的目標，那麼煩惱的情緒就會很快得到釋放。

學習很累很辛苦的時候，有人就會說，等你以後考上大學，一切就都好了。

戀愛分手很難過的時候，有人就會說，等你找到下一個對象，一切就都好了。

工作很沒有動力的時候，有人就會說，等你換一份新的工作，一切就都好了。

結婚後經常因為意見不和而爭吵，有人就會說，等你們有了孩子，一切就都好了。

因為陪著孩子學習，沒有自己的時間，有人就會說，等孩子考上大學，一切就都好了。

但是，當這些艱難的日子都過去了，就真的可以收穫真正的快樂嗎？

除了為已經發生的事情而焦慮，一些還沒發生或充滿未知的事情，也可能會引起焦慮。

考上了大學，就會開始為了找工作焦慮。

找到了一份好的工作，就會開始為了買房焦慮。

買了房之後，就會開始為了什麼時候結婚而焦慮。

結了婚之後，就會開始為了生孩子、子女教育而焦慮。

子女大了，就會開始為了他們的前途、婚姻而焦慮。

……

在過去的一些困難的時刻，陷入焦慮的你，可能會很容易羨慕身邊的一些朋友、同學。總覺得他們的路走得比自己更順利，因為他們考試考得更好，戀愛更甜蜜，工作更穩定等等。然後你就會想：“我要是像他們那樣得多好，就不用再為這些事情而煩了。”

但其實，每個人都有各自的“坎”、各自需要去克服的“難題”。羨慕別人的路，這過於表面和片面，一味只看到他人擁有的，卻忽視了別人經歷了一些我們未曾經歷的挫折，付出了我們難以企及的努力，也忽視了別人面對困難時候的堅韌等等。

焦慮是生活的一部分，面對疲憊、挫敗、苦難時所產生的焦慮，這些並沒有一個固定的“解決方案”，也不太可能消滅焦慮，逃避焦慮。

也許你會說，有更多的錢就好了，有錢就可以解決煩惱和焦慮。但是，即便你變得有錢了，也可能會有莫名的空虛感，也會面對生離死別，也會為了事業煩心。只是你煩惱的維度，大多數人可能很難理解你，不僅不理解，甚至他們會表現出本能的煩躁：“你都那麼有錢了，還有什麼好煩的，怎麼不看看我們還在為房貸奮鬥？你的煩算個什麼。”而你更加的迷茫了，不僅煩惱沒有得到傾訴，反而讓別人覺得你是多麼的矯情。

所以，不太可能通過完成一個目標，或是結束了一件重要的事情，就解決並排除掉所有的挫折與焦慮。在未來的生活，還會有更多類型的焦慮與苦惱，等待著你去克服、解決。

聽起來，焦慮好像都是負面的，沒有焦慮才是最好的。但是，再樂觀的人，也多多少少會有一些小焦慮出現，因為我們很難沒有目標、沒有期待、沒有願望。焦慮會提醒我們問題的存在，看到問題的存在之後，會嘗試去找方法，從而更懂得如何面對一些類似的焦慮。

需要接受，你不可能擁有時時刻刻的開心，一些煩惱的情緒也是生活中的一部分，無法逃避，也無法躲開。就像我們看電影、享受美食，所得到開心放鬆的情緒一樣，這些負面情緒也會以一種經常存在的形式，佔據著我們的生活，甚至有時候連自己都不知道原因，悲傷和煩悶的情緒就會突然出現。

所以，如果無法左右不順心事情的發生，就努力改變自己的心態，努力讓自己學會與焦慮相處。

不能做完了或結束了一件重要的事，才允許自己開始放鬆。

不能等到艱難的事情得到解決，才允許自己開始快樂。

不能等心中追求的目標得以實現，才允許自己開始樂觀自信。

需要懂得，在艱苦又煩悶的生活節奏中，為自己找到一些快樂，是非常重要的事情。就像被一天繁重工作影響了心情的你，在下班回家後，吃到家人做的一頓美味的飯菜，和家人聊聊天，心情一下子就開心了很多。雖然工作裏的困難依然沒有得到解決，但在焦慮的間隙中，暫時把煩惱放一放，放鬆自己，那又會怎麼樣呢。

需要明白，一些焦慮其實是自己帶給自己的。在生活中遇到困難，就會為此焦慮、擔憂，輾轉反側。並開始篤定，這可是多大的挫折，這可是很難解決的，這可是很難釋懷的。

為什麼很容易這樣想？

因為你迫切地想要追求到一些目標與結果。比如，快考試了卻還沒有復習好，考不好可怎麼辦；快畢業了卻還沒有工作，找不到好工作可怎麼辦；老闆不認可我，沒有機會升職加薪可怎麼辦...

在事情還沒有發展到事與願違的時候，你就已經很焦慮，害怕一些期望會落空，害怕事情沒有朝著自己希望的方向發展。

於是，為了避免期望落空，你做了很多的準備，然後繼續向著自己想要的目標努力。你本以為你可以做好，你以為目標可以實現，你以為你不會再遇到什麼挫折與阻礙，但現實卻並沒有像你希望的那樣發展，你的期待其實超越了你當下所擁有的能力，這對於還沒有足夠抗壓能力的你來說，更多的焦慮又出現了。

其實，除了提到的一些原因，引起焦慮的原因還有很多，這其中可能有和他人的比較，別人對我們的期待，自身的追求未能實現，不被身邊的人所理解等等。但大多數的焦慮，都是階段性的，給自己時間去理解焦慮、去體驗成長中的狂風驟雨。並且，去做一些自己想做的、能讓自己變得開心的事情，當你不刻意地去抵觸、回避這些煩惱，也許負面的情緒反而會漸漸走開。

有些時候，你所認為的焦慮，是基於沒有深入思考、冷靜判斷的畏難情緒，實際上事情的本身，並沒有所想的那麼嚴重。接受焦慮的發生，也接受驚慌失措的自己，哪怕找朋友聊聊天，吃一頓美食，去風景好的地方走一走，也許都會好很多。越急於回避焦慮、分析焦慮，反而有可能越陷越深，在悲傷無助的情緒中無法得到釋放。

接受與焦慮相處的生活，才會真正不被焦慮所左右。

事與願違，也許另有安排

01

成長的旅途中，常常期待過很多的事情。

但奇怪的是，往往很期待的事情，卻非常容易落空。而看似不經意、不抱太大期待的一件小事，卻經常讓我們柳暗花明，甚至得到意外的滿足。

人生裏，伴隨了大大小小的決定。

升學、尋找伴侶、買房、求職、跳槽等，這些選擇與決定幾乎伴隨了人生所有重要的篇章。每一次的選擇與決定，我們當然都想要有一個最好的結果，可一旦得到了一個背道而馳的結果後，就會質疑自己的決定，深感事與願違的無助與遺憾。

然後，我們很容易沉浸在已經發生的事情中，糾結於自己的錯誤，不願意原諒自己，憧憬著如果怎麼怎麼樣，那該有多好。總是喜歡站在現在的角度去質疑過去的自己的選擇，甚至站在現在的角度，去質疑當時的伴侶、家人對自己的影響。

"要是當時聽爸媽的就好了。"

"要是當時有話好好說就好了。"

"要是當時不選這個專業就好了，也不會那麼難找工作。"

"要是當時不離職就好了，現在的工作還不如之前的好。"

"要是當時再和他／她見一面就好了，可能就不會分手了。"

"要是當時和他／她在一起就好了，現在應該就會很幸福吧。"

於是，我們會幻想，如果現在的自己，能夠幫過去的那個自己，在過去的那個時空做出決定，那該會有多好。但若非過去的經歷給你帶來的種種遺憾和不如意，以及你在這些經歷中感受到與期望如此大的差距，現在的你也不會感受到這樣的落差感與沮喪，從而給予自己對生活新的思考。

所以，有的時候，我們總會認為，那些錯過的人和事，那些在你生命裏未曾觸及的、未曾得到的，會比現在擁有的，更加的珍貴。但在當時，哪怕做出以現在的眼光看來更合理的選擇，也會有新的焦慮、新的問題需要解決。你以為的那些更好的結局，可能僅僅是一種表面的假像，沒有必要去美化一條未曾選擇的路，這條路也許並不如想像的那麼美好。

就像你以為有些事錯過了是多麼地遺憾，但其實很可能是躲過了一些災禍。

你以為錯過的工作機會是多麼的好，但其實這份工作的內容並不適合你。

你以為你失去了一段親密的關係，但其實更合適的另一半就在未來的不遠處等待著與你相遇。

任何選擇和決定，也許都不是完美的，在結果揭曉的那一刻，都可能會令我們感到失望、遺憾、不甘。關鍵在於我們以什麼樣的角度去看待問題，有些事情如果沒有如你所願的那樣進行，也許並不是因為你不夠努力，更不是因為你就比不過別人，而是因為你本就不可能什麼都擁有，不可能什麼付出都會得到立竿見影的回報，你只需要繼續相信自己，做你認為該做的事情，然後以積極的心態等待新的安排。

人生充滿著各種起落與浮沉。挫折與失去，本就是生命繞不開的一部分，不必過於消耗其中。即便事情沒有得來自己想要的結果，也不輕易地論斷最終答案就是"失敗"的，也許這個結果預示著新的風景，甚至有些風景是之前都沒有機會觸及的。

有一段時間，我失業了，沒有工作。當時我內心感到很沮喪，投了很多封簡歷卻沒有太多回信，非常焦慮。但時間一天天地過著，我知道焦慮也沒有辦法，倒不如先把時間利用起來，好好思考一下有哪些事情是以前想做，但沒什麼時間做的。我開始利用這些時間來反思自己，也開始了寫作，把多年以來的所得所想，記錄下來，算是對自己的勉勵與治癒。

同時，因為需要應對焦慮，我漸漸學會適當地"倒空自己"。找工作依然在繼續，但我為了不讓自己太過糾結於此，就不斷地告訴自己："當新的一天開始，當清晨的陽光照入我的生命，這就是我為自己而改變的第一天。我可以把今天看作是學習新知識的第一天，我可以把今天看作是嘗試一個全新事物的第一天，我也可以把今天看作我重新開始找工作的第一天，而無論之前開心的、焦慮的，都放一放，一覺醒來，都把生活重新還給今天。"

回頭想想，雖然在當時的時間節點，落實工作的事情沒有能即時如願，但正是因為失業這段時間的經歷，卻讓我收穫了生命中難得的空閒時間。在這段不忙碌的時光裏，我可以冷靜地思考，給予自己更好的磨礪，以另一種角度，來不斷地豐富著自己的閱歷與生活。後來，我還是收穫了一份不錯的工作，並且還擁有了比之前更加坦然和積極的心態，來面對未來的挑戰。

所以，祝福有時穿著苦難的外衣。遇到挫折與遺憾，不必持續沮喪、失落，也許有其它的安排在等待你。生命中有太多力不能及、無法控制的事情，但常常也蘊含著許多的轉角與轉機，不斷地將一些令我們驚喜的人和事，帶入到我們的生命裏。

你無法阻止一個你在意的人離開你的生活，但你也同樣無法阻止在某個時間點，有新人會走進你的生活。

你無法想像有些坎坷你將會如何面對，但你也同樣無法預料生活會以怎樣的樣貌幫助你重拾笑臉。

你無法控制事情向著不如你意的方向發展，但你也同樣不會預料柳暗花明會在你想不到的環節出現。

就像在工作的時候，可能你努力奔走，卻還是沒有業績，甚至沒有談成一單，生活的壓力壓得你喘不過氣來。可就在你開始洩氣、質疑和抱怨的時候，卻有人主動來找你簽約，還是個大單子。你心想：命運有時候也會開玩笑啊，在你努力的時候，讓你的生活充滿著忙碌、坎坷與麻煩，而在你失意到沮喪、做什麼都提不起精神的時候，才願意來拉你一把，給予你最需要的。

做好當下自己認為對的事情，然後接受生活的驚喜，也接受可能發生的事與願違。

未來的生活中，還會有很多的目標等待我們去追尋，很多挑戰等待我們去克服。也許我們在很多事情上，都付出了時間，付出了努力來澆灌，卻仍然沒有辦法，讓每一顆種子都生根發芽。但即便這樣，也沒有關係，坦然地接受，繼續勇敢地向前走，大不了重頭再來。

02

　　走向成熟的標誌之一，就是不再害怕失去，也不再執著於一定要擁有。

　　2016 年，我剛剛畢業，沒有花太長時間，工作就落實了，當時以為找到了一份穩定的工作，覺得自己是相對幸運的、順利的。可好景不長，就在工作中遇到了很多挫折，遇到了很多令自己感到難以解決的問題，我開始不斷地質疑自己，為什麼別人能做好而我卻做不好，為什麼明明感覺很穩定的工作，卻不得不面對那麼多難以解決的問題？

　　入職一年半後，因為心理壓力很大，我還是辭職了。這份在入職一開始以為穩定且滿意的工作，卻隨著時間的推移，各種因素的疊加，沒能讓我如願的"穩定"下來。

　　回想起來，因為這是我畢業後的第一份正式工作，在對待這份工作的時候，很想盡可能做到完美，所以我總是試圖把控每一個工作的細節，處處很仔細、很小心，生怕做得不好。可過度的擔心，反而就增加了工作的壓力，壓力再疊加工作上遇到的一些困難，使自己在當時陷入了情緒上的自我內耗，差點陷入抑鬱的泥潭。

　　後來，當我開啟下一份工作的時候，我就轉變了心態，放低了期待，不再去思索這份工作是不是最令我滿意的，是不是可以幫助我穩定下來的，也不去預想這份工作能做多長時間，當有了這樣的心態加持後，反而工作起來更輕鬆坦然，狀態也比前一份工作的時候更好。

　　當我們在心裏預設了一個理想的結果之後，卻發現最後取得的結果，遠遠達不到內心的期盼、甚至背道而馳的時候，就會很容易失落、不甘、鬱悶。現實就是，越在意的往往越折磨，越想要追求的往往求而不得，揪著這些結果不願放手，就會在悲觀情緒中越陷越深。

在曾經漫長的歲月中，我的媽媽一直算是比較缺乏鬆弛感的人。

從我小時候記事起，她就常常為我的事情而煩惱著，如果這些事沒有達到她的心理預期，她就會陷入漫長且壓抑的負面情緒。

讀書的時候，就整天擔心我的成績，擔心考不上好的中學可怎麼辦，一次小小的測試沒考好，就像天塌了一樣，愁眉苦臉，感覺我的未來一片黯淡。

剛工作的時候，稍微講一些工作中不順心的地方，就整天擔心我會離職，擔心我萬一離職了，找不到更合適的工作可怎麼辦。

單身的時候，講一些單身的好處，就懷疑我是不是不想談戀愛，擔心如果我不願意找對象可怎麼辦。

不忙的時候，和她講身邊哪位認識的同學朋友，他們現在過著比較安逸平淡的生活，就擔心我會不會也不想上進了。

她經常陷入一種預設煩惱、提前憂慮的情緒。當時的我，其實很想知道，如果最終我沒有成為她希望的樣子，那是不是她就很難擁有快樂了，我希望她可以接受生活賦予她的一切，改變能改變的，也接受難以改變的，更加從容地面對得與失。

以前我經常會問她："你累嗎？"

為什麼我會這麼問，因為在過去的很多時候，她似乎寧願沉浸在擔心的情緒中，也不願意讓自己鬆弛一點，灑脫一點，哪怕事情還沒有發展到事與願違，都會因為擔心事與願違可能即將發生，而悶悶不樂。

直到近幾年，在我不斷地開導下，她逐漸開始明白很多事情都是可遇不可求的，平凡日子裏的知足與幸福，是更應該被重視的，不應在很多不確定的事情上糾纏太久，如果緊緊地抓著這些預設的煩惱不願放下，那將會很難騰出手，來接住生活所賦予的小驚喜。

我們總是喜歡別人和我們說一切順利，自己也期待著心想事成，期待著那些我們看重的事情都可以順利達成。但是，很少人會不斷地和我們提起事與願違，好像大家都很避諱談這個話題，以至於我們總是害怕失去，害怕那個不願意接受的結果突然出現，而當真的事與願違來臨，又因為害怕遲遲等不來事情的轉機，從而變得越來越患得患失。

03

不管願不願意接受，事與願違都在經常發生。愛而不得是常態，努力到最後沒有換來成績是常態，沒有找到合適的工作是常態，甚至連略顯"平庸"的生活也是常態。

成長是殘酷的，既在你年少的時候，賦予你對未來的遐想與憧憬，又在你經歷了各種各樣的摸爬滾打後，不斷地讓你看清生活的無奈與沮喪。

對很多人而言，不僅僅是某些經歷令他們感到無奈與遺憾，他們目前所經歷的生活，對他們來說都是事與願違的。我身邊的很多人，包括我自己，在十幾歲、二十歲的時候，都對未來抱有無限的嚮往與追求。但卻在三十多歲之後，不得不需要接受自己的默默無聞，接受生活的柴米油鹽，接受千篇一律的工作等等。這樣的每一天，和自己曾經想要的生活、想追求的目標相比，是相距甚遠的。

面對類似的境遇和落差，不同的人演繹成了不同的樣子。

對一些人而言，看清了生活的真相後，對他們來說是非常沉重的。他們不斷地感歎命運的不公，抱怨為什麼自己付出了很多努力，卻依然還是很"平庸"，而身邊其他的一些人，他們憑什麼可以更順利，憑什麼可以比自己擁有更多快樂。

這樣的心態，並沒有從生活中的挫折與遺憾中吸取經驗和教訓，分析自己有哪方面是需要提升和改進的，總結哪些方面是可以在未來付諸行動的。反而將自己困在往事裏，糾纏在既定的結果上，導致心態越來越失衡，一些小小的挫折與遺憾，都可能會導致不堪重負。

而在有些人看來，雖然一開始還是會很沮喪，但他們知道，事情不盡如人意是常有的事，無論做出的選擇結果如何，無論現實的結果與自己的期待有多大的差距，都無法阻止生命的向前。他們會汲取經驗，將影響情緒的往事翻篇，然後既在當下的忙碌中尋找自己的快樂，同時也放眼未來，奔赴新的目標和自己認為對的事情上。

苦讀三年，卻沒有考上名牌大學的學生，在一開始抱怨著命運的不公，他心想："為什麼付出了那麼多的努力，卻還是沒有換來理想的成績呢？"後來，因為對當前結果的不甘心，也抱著對更高學歷的嚮往，所以他非常努力，很希望考上名牌大學的研究生，這一次命運眷顧了他，他做到了，考上了比預想中更好的大學。

但換個角度來說，如果這位同學一開始就考上了名牌大學的本科，很可能他就會滿足於此，從而不會在考取研究生這件事上，付出像當前這般程度的努力，也就很難等來更好的安排，取得超越自己預想的成績。

凡事都有它的兩面性，低谷的時候，也許就是反彈的契機。

失去一些事物的時候，也許就是即將得到一些新事物的開始。

很多事情雖然不是自我的力量可以掌控的，但還是可以為之竭盡全力，然後坦然地迎接任何可能發生的結果。命運有時候會跟你開一些你看不懂的玩笑，讓你願望落空，深感沮喪、無助。又會在一個不經意的、你想不到的時間節點，給予你另一種驚喜，給予你另一條更好的路徑。不要急切地要求生活一下子就給你最想要的答案，也許有更好的機會與安排，會在未來等待著你，給予你一直以來堅持不懈的嘉獎。

但是，事情的轉機也不一定是想有就會有的，很多好的安排也不是立馬就能等到的。即便好的安排依然沒有等到，也得學會順其自然，不必陷入無意義的埋怨與自責。

有些人會因為對現狀的不滿，從而質疑自己曾經說過的一些話，做過的一些決定等，不斷地去想"要是當初怎麼怎麼樣該多好"。其實，我們就是在不斷地選擇與嘗試中克服挫折，逐漸吸取教訓，從而走向成熟和理性的。我們不可能一直都能夠做出最好的選擇，況且對於過去的自己來說，以當時心態和成熟度，說一些不成熟的話，做一些考慮不全面的決定，是一件再正常不過的事情。不必因為走到了事與願違這一步，就過多地去抱怨過去的那個自己，過多地去抱怨環境、運氣等外在因素，你本就無法將這一切安排地完美。

任何選擇，都有成為答案的理由。

任何經歷，都會是一次重新認識自我、練就自我的契機。

成長的路上，不光有心想事成，也一定伴有事與願違。

但是，山窮水盡，也許就藏著峰迴路轉。

事與願違，也許就是等待更好安排的開始。

坦然地接受事與願違，勇敢地與一些往事說拜拜。期待我們在未來，都能夠等來越來越多的得償所願。

謙卑之心帶我們走更遠

01

開始新工作的第一天，同事問我："為什麼要來這家公司工作，你學歷不錯，也有那麼多年工作經驗了，應該找個更有發展前景的公司啊。"

我笑著說："我也沒啥一技之長，有公司願意給我機會我已經很感激了，我也就一普通人。"

選擇這樣說，就是希望放低自己的姿態，把剛來到一家新公司的自己，看作一個實實在在的新人。即便我有了幾年的工作經驗，同事也都比我年輕，但如果論及對此份工作的熟悉程度，我還是得跟年輕的同事虛心請教才行。相信只有謙遜、虛心請教，同事才會更願意與我交流，才會把一些需要注意的工作事項和我分享。

但是，有些人會在職場，表現出自己驕傲、自大的一面。比如說，自己的能力其實很強，要不是怎麼怎麼樣，怎麼可能會來這裏工作什麼的。

或者，同事有什麼工作方面的疑慮，他們就會表現出一副過來人的姿態，冷嘲熱諷地說："讀了那麼多書，怎麼這種事情還想不明白？"或是"這些都是常識，你都不知道？"這樣的態度及言語，會讓同事覺得很難與你溝通，工作上的問題也不會第一時間找你分享。長期下去，如果工作不順的時候，可能自己都搞不明白，怎麼都沒多少人願意為自己說句話？

有些時候，因為獲取了知識、經驗、閱歷，所以總是會覺得自己已經懂得了很多的事情，用一種好像看透了人生的姿態，來告誡、勸誡別人，讓他人按照自己的思路想法走，告訴別人，只有怎麼怎麼樣，才是最合適的。

這讓我想到了生活中遇到的一些年長的親戚，他們固執己見，不僅打壓著子女和晚輩的想法，還對身邊人的真實評價置若罔聞。

比如，一個親戚，過著按部就班的日子，一輩子也沒有什麼豐富的工作經驗。當晚輩對他說了畢業後的規劃，他就不耐煩地說："你這樣的規劃是不對的，你應該怎麼怎麼樣，要是不聽我的話，你肯定會後悔的，我吃過的鹽比你吃過的飯還多。"

意思就是，他年齡比你大，他是更有經驗的，所以得聽他的。而當晚輩嘗試通過解釋，指出他觀點的局限，並告訴他一些關於現在年輕人的想法的時候，還沒等說兩句，他又會表現得高高在上，語氣輕蔑地說："到底你有經驗還是我有經驗？我當年賺錢的時候，你字都沒認全呢，不聽話，等著受罪吧，別人都安安穩穩的，就你日子不好好過。"

在他們的思維裏，固執和謙卑的較量，固執己見反而占了上風。

是的，這樣的溝通方式當然不會好受，我們希望他們可以坐下來，耐心傾聽並分析我們的想法，瞭解我們的感受，哪怕他們內心依然不接受我們的思路，也把我們的話耐心聽完，再給出分析和意見。但我們不僅無法改變他們，還挨了責怪。他們很難認識到，現在的年輕人，有學歷，有想法，善於學習，也去過更多的地方，這些都是他們不具備的。他們更難想到，如果願意多傾聽，那年輕人也更願意多和他們交流、溝通。

在長輩眼裏，他們會覺得晚輩沒有他們成熟，沒有他們閱歷多，沒有他們有經驗，所以把晚輩看作是"弱者"。這樣的前提下，要求他們沉下心，去耐心地傾聽，他們當然是不願意接受的，可能他們只能嘗試耐心聽取比他們更年長的，或是看似更"成功"的身邊人的建議。但謙卑之心，時刻都在提醒著我們，不僅僅需要在面對比我們更"優秀"、更有經驗的人面前，向他們虛心請教，保持不卑不亢，更要懂得傾聽"弱者"的想法，甚至向"弱者"學習，看到他們身上的閃光點。

謙卑，意味著保持一個包容的心態，無論面對年齡上遠比我們年輕的人，還是事業發展上看似不及我們的人，亦或者想法和我們完全不一樣的人，我們都保持低調與謙遜，保持開放的態度，去嘗試學習一些新的經驗和想法，讓自己擁有一些新的感悟。

比如，你片面地覺得一個人很自私，但也許你可以學習到他不在乎他人看法的心態。

比如，你片面地覺得一個人很不求上進，但也許你可以學習到他面對生活的平靜與知足。

比如，你片面地覺得一個人很天真，但也許你可以學習到他面對困難時候樂觀的態度。

再比如，面對整天很頹廢又很喜歡抱怨的人，哪怕你暫時沒有發現他的閃光點，你也可以勸誡自己，要保持一個樂觀向上的心態，把對方不斷釋放出的負面能量，看作是對自己的警醒。

如果沒有一個謙卑的心，就很容易錯過向他人學習的機會，錯過反思自己的機會，錯過與他人真誠交流的機會。

一個朋友與你交流，談起一個老同學，當朋友聊起了同學的進步，以及在事業方面取得的一些成績，如果你輕蔑地說：「他不就是運氣好麼，不就是靠他父母麼，否則他能有什麼。」表面上，你只看到了同學的父母對這位同學的幫助，看到了他有好運相伴，但卻忽視了對方一些珍貴的優點。

忽視了他不愁衣食，卻依然在工作之餘，努力提升學歷。

忽視了他即便有家人幫助，卻依然認真且負責地做好每一項工作。

忽視了他即便取得了一些成績，卻依然虛心向他人請教，得到越來越多朋友的認可。

而很多這些優點，也許你並不具備。你輕描淡寫地評價著同學畢業後的發展，不願意虛心地承認別人的進步和優秀，這會使你很難真正領會，你可以從他身上學到什麼，也很難在肯定他人優點的基礎上，反思自己的不足。因為沒有足夠謙卑的心，就錯失了提升自己的機會。

想起幾年前，我參加的一場同學聚會。

飯桌上，幾個很多年沒聯繫的老同學點起煙，談論著自己買了哪里的房子、開著什麼車、準備讓孩子上什麼樣的學校。也時不時聊起又有哪個同學，賺了多少錢，人家現在發展的怎麼怎麼樣之類。

而我坐在一旁，當老同學問到我的時候，我就說：「我就只能糊口飯吃，跟你們比起來，我就是拖咱同學圈子的後腿了，不值一提。」其實不想參與這類的話題，並不是我自卑什麼，而是我所希望的同學聚會，是尊重過去的那段時光，回憶起同學時代的點點滴滴，回憶起那些簡單而又單純的同學情誼。而互相比較、誇耀的氛圍，使我們很難沉下心，去真誠地瞭解當下彼此最真實、最真心的想法。

所以，謙卑提醒著我們，要對身邊的人和事，常懷一顆敬畏的心。以低調、包容的心態，放下自己的驕傲與偏見，勇敢承認自己某些方面的不足，承認自己思維的局限，承認自己對一些事情考慮地不夠全面，當真的去做了，哪怕只做到了一小部分，也許都會收穫更多的機會，收穫他人更多的尊重與理解。

02

回想自己剛畢業的時候，還是有一點浮躁和小驕傲的。

因為有機會去海外留學，也順利地拿到了碩士學歷，所以得到了一些朋友的誇讚與羨慕。這些肯定的言語，讓我認為自己變得更優秀了，所以覺得畢業後找到一份好的工作，似乎合情合理。另一方面，自以為自己讀了那麼多年書，經歷了一些實習，就已經收穫了不少知識和經驗，本能地對身邊一些人的想法與提醒顯得不夠耐心。

直到後來，正式工作後，才發現自己不懂的地方太多了，甚至一些工作事項，如果不向他人請教，自己是完全沒有頭緒的。在工作過程中，慢慢發現一些學歷比我高、工作經驗比我久的人，他們都在虛心地學習請教，這使我逐漸意識到，以前的自己，還是有那麼點自視甚高了，如果不及時扭轉，加以調整心態，我是很難取得進步的。

經過這件事情，我不斷地提醒自己，無論我自己做到了什麼，收穫了什麼，都需要有一顆謙卑的心，放下自己那些曾以為驕傲的事情，懂得反思自己，才能獲得提升。

　　謙卑之心的塑造，就是一個需要不斷學習、反思的過程。雖然保持謙卑並不容易，但如果願意去學習、去領悟，一定會對我們有所幫助、有所啟發。

**　　謙卑之心幫助我們學會放下，收穫一個更輕鬆的自己。**

　　說起來也很奇怪，我們有時候很容易習慣以自我為中心，傲慢地對待他人，但又非常渴望別人以謙卑之心對待我們。以這樣的心態與他人相處時，就會很自然地希望別人來認可我們，尊重我們，看到我們身上的長處。

　　在職場上的你，也許獲得了一些成就，賺取了一些金錢。這個時候，面對一個事業發展與收入不及你的人，你很容易浮躁，覺得自己是比他人更“成功”的。面對他，你會覺得對方不如自己優秀，但又很希望收穫對方的尊重和讚美，希望對方來向你學習。

　　與他人的相處，為什麼時常會感到疲憊，就是因為你希望獲得對方的認可，但又做不到放下自己。這樣的相處，不僅很難讓他人肯定自己，往往還可能會傷害到對方。謙卑幫助我們學會放下，放下所謂的優越感，放下一些所謂的成績，只有這樣，才可以騰出精力，沉下心，真誠地去瞭解對方。

　　一杯水，只能把原本的水倒出來，才可以裝進新的水。就像剛畢業的時候，我們得學會將自己在學習生涯獲取的成績放下，以一個全新的自己，謙卑地來到職場，學習職場上新的知識與經驗。而這些知識與經驗，就像不斷裝進的新水，一直提醒著自己，其實你一直在學習的路上。

　　杯空才能水滿，放下了，才能一身輕鬆。過往的“成績”，有時候會給予你自信，但有時候又像包袱，讓你的心態時刻端著，很難沉澱自己。有時候，需要適當地學會“清空”，把自己的過往"成績"放在一邊，以一個放鬆的心態，接收新的想法與知識，才會更好地豐富自己，更從容、更輕鬆地走好未來的路。

謙卑之心幫助我們打開眼界，收穫自我的進步。

眼界很重要，如果一個人不願意打開視野，那就很容易變得傲慢。

有些人去過幾個城市，有了幾年不同的工作經驗，就認為自己是"見多識廣"的。當與他人溝通的時候，發現他人的意見和自己不同，就下意識地想要否定他人的想法，找各種辦法證明自己才是更有經驗的，自己的想法才是更加正確的。

有些人在老家買了房買了車，在自己的圈子裏，似乎自以為自己已經是"成功人士"，恨不得讓身邊認識的人，都知道自己已經獲得了什麼。

但自以為的"見多識廣"和"成功"，其實只是過於沉浸在自己主觀的思維中。若有機會接觸更多不同的人，換一個圈子、平臺，或者去一個更大的城市，也許就會看到自己渺小的那一面。

現實卻是，去過很多地方、取得更大成就的人，反而表現得很謙卑。

在我們眼裏，他們已經足夠優秀，足夠算得上成功。但是，他們會認識到，自己取得的一些成績，並不完全是通過自己的努力換來的，可能其中還有他人的幫助，有運氣的加成，有時機的恰到好處等等。

同時，在他們眼裏，不同的觀點會給予他們更多思考，並很可能成為自我提升的機遇。

面對觀點與他們一致的人，他們表現出志同道合的喜悅，也發自內心地肯定他人。

面對觀點與他們很不一樣的人，他們會覺得開闊眼界，認識到原來可以從如此新穎的角度思考問題。

當打開眼界，願意傾聽更多的想法的時候，才會在他人的觀點或改變中，看到各種各樣的可能性，這些可能性覆蓋在生活的方方面面，他人的一些積極向上的經歷分享，會讓你思考，自己是否也會有這樣的可能性，是否也會對自己奏效。

瞭解的多了，見識就會更多，自我的進步當然也會接踵而至。

謙卑之心幫助我們學會肯定他人，更好地與他人建立良好關係。

我們經常會覺得，為了讓他人願意和我們建立關係，所以我們需要向他人分享自己的經歷，告訴他人我們取得了什麼學歷，去了多少地方，在職場獲得了什麼成績等等，感覺只有這樣，他人才會認可我們，才會覺得值得與我們建立關係。有時候，這樣的方法也許會奏效。但在許多時候，當你刻意地去拔高自己，反而會讓他人覺得你比較驕傲，與你交流可能很難走到彼此的心裏。

所以，當不再奏效的時候，我們就要認識到謙卑的價值所在。當你可以收起自己過往的經歷，虛心且耐心地傾聽他人的言語，並願意給予他人肯定時，你就已經帶給他人非常不錯的第一印象，也更容易收穫他人的理解與幫助。

在你保持謙虛、低調的時候，他人面對一個謙卑的你，也會更願意以真誠待你，與你分享他真實的觀點。這聽著普通，但可能是一件非常珍貴的事情。在有些時候，資訊就是一種財富，很多受用的觀點和想法，也許會幫助你減少一些焦慮，少走一些彎路。

經過一些時間真誠的瞭解與溝通，自然而然地，你們就會以充滿善意、感恩的心，去對待彼此。當交流充滿著真誠與感恩時，建立起更好的關係，就是水到渠成的事情。

更好的關係往往是不可低估的，無論在生活還是職場上，有更好的關係，可能都會幫助我們收穫更多的機會與可能性。

謙卑之心，帶我們走得更遠。但學習謙卑，則需要學會收起自己的驕傲，慢慢學會尊重他人的不同，傾聽他人的想法，看到他人的改變與長處。當你真的願意為此努力並付出行動的時候，其實就已經行走在了優秀的道路上，更大的舞臺，也許就在不遠的前方等待著你。

友情的告別，總是悄無聲息

01

記憶中，或是生活中的某一瞬間，你是否也會想起某個生命中曾經的朋友。

也許，有個人，在你很小的時候，陪你爬上老家的果樹，陪你在農田的小湖裏暢快地玩耍過。

也許，有個人，在許多年前的盛夏，陪著你在泥濘的足球場上，肆意地奔跑過。

也許，有個人，曾經陪著你坐在那臺小小的電視前，調著天線，看著奧特曼。

也許，有個人，下課後，陪你在那條巷子裏的網吧，玩著現在的你不會再玩的遊戲。

也許，有個人，在那些讀書的時光裏，午後陪你聽著同一首歌曲，下課和你一起騎著單車，談論著大學與夢想。

也許，有個人，曾經在你沮喪的時候鼓勵你、安慰你，陪伴你邁過某一段時間的挫折與低谷。

這些生命裏珍貴的夥伴們，還在你們身邊嗎？

記憶裏，想起的都是年少時候的模樣。

但回到校園，哪怕再次穿過那長長的教室走廊，卻再也回不到那一年，有些青春的面龐，都已不再記得清。

　　有些同學、朋友，我們早已不再聯繫了，也不知道你現在在哪里、過得怎麼樣。

　　在人生和時間的汪洋裏，我們還沒有來得及抓起對方的手，時間的浪潮就這樣沖散了我們。

　　某一天，如果我們再次相遇，我們會以怎麼樣的方式，打開我們的話題呢？亦或是我們已經不知道再聊起什麼呢？

　　時間的洪流著實殘酷，讓我們從無話不談的小夥伴，逐漸變成熟悉的陌生人。

　　不知道從什麼時候開始，人生的列車，似乎很多朋友在不經意間已經下車。

　　年少時無話不談的我們，長大後卻不知從何說起。

　　在時間的滴答聲中，也許友情的漸行漸遠，是你我的必經之路吧。

　　倘若再次見面，你我若還是熟悉的彼此，那一定也是意外的驚喜吧。

　　儘管很多年我們不再有什麼交集，但我常常還是期待著你的消息。

　　學生時代的情誼，讓我期待著再次見面的時候，閃亮的舊時光可以在回憶中再次放映。

　　其實，我們不僅懷念曾經的舊時光、懷念曾經的友情，也懷念曾經的自己。

　　可人生就是一趟不斷前進的列車，有些故事、有些友情，走遠了就不會回來。

我很幸運，在你們年輕而又熱烈的青春裏，我曾經陪著你們一起開心的成長過。

對我來說，也正是因為這段時光，有你們的陪伴，才顯得那麼的與眾不同，且常常記起。

青春裏的夥伴們，感謝你們曾經選擇我做你們的朋友，希望你們一切都好啊。

02

成長，總會想方設法地讓你我明白，友情會像天氣的更替一樣，經常猝不及防的發生變化，但又無可奈何。在不同的人生階段，不同的時間節點，陪伴你的朋友都不是完完全全固定的，而能夠長久留在我們身邊的朋友，往往少之又少。

當你回憶自己走過的路，可能會發現，每一次的升學、每一次的搬家、每一次的離職、每一次的出遠門、每一次的聚會散場......這些看似很普通的經歷，看似不經意的事情，都像是一場場的告別儀式，這些告別很輕盈，輕盈得好像沒有任何的徵兆。但其實在這些事情的結束後，就已經在向自己的一些舊時光告別，也在向你過去的一些友情告別，有些人在這些告別之後，就再也沒有見過了。

有些小時候嘻嘻鬧鬧的夥伴、學生時代的同學、工作後遇到的聊得來的同事，這些陪伴、友誼、情感，我們曾以為會長久的維繫下去。但現實告訴我們，你以為的那些不變的友情，有時候很脆弱，脆弱到沒有任何矛盾，就可以輕易地將你們變為陌路人，就像曾經好到可以開任何玩笑的兩個人，現在可能連朋友圈給彼此點個贊都是一種奢侈。

　　成長路上的友情與陪伴，有時候可以看作是在剛好合適的時機，在某一方面你遇到了比較同頻的人，你們一拍即合，彼此成為了在那個時間節點，生命裏重要的陪伴。

　　你喜歡玩拼裝的賽車玩具，結識到了也有相同興趣的同學，於是學生時代的你們，一起經營著這些愛好。

　　你下課騎著自行車回家，遇到了放學同路的同學，於是你們成為了一起上學放學的好夥伴。

　　你喜歡逛街，結識到了同樣喜歡的舍友，於是你們經常結伴而行，成為了很好的朋友。

　　你經常去某家餐廳，在和同事聊天中，無意間發現他也經常去，於是下班後你們經常一起搭地鐵前往，後來他成為了你最聊得來的同事。

　　後來，你慢慢成長，在生命的旅途中，不斷有了新的目標、新的故事、新的圈子。可你和老朋友的生活軌跡卻漸漸不再相交，這其中可能沒有發生任何不開心的事情，更沒有什麼利益糾葛，你們似乎就這樣漸漸疏遠，彼此默契地不再打擾對方。直到有一天，回首往事，你依然能夠清楚地記得互相陪伴的那些日子，但卻已經過了好久好久。

　　生活有了新的目標，曾經一起玩玩具的夥伴，慢慢感情就變淡了。

　　升學了，有了新的同學圈子，曾經一起上學放學的同學，慢慢聯繫就變少了。

　　搬家了，來到了新的環境，曾經一起逛街的舍友，逐漸不再那麼聊得來了。

跳槽了，在適應新的工作了，曾經一起下班吃飯的同事，漸漸不再刻意地約飯了。

無論在任何時期，友情都是需要時間經營的，我們當然明白，要多和朋友聯繫、多見面，否則一不留神，朋友可能走走就散了。

可遺憾的是，我們的成長總是忙忙碌碌，從年少時的考試與升學，再到畢業後為了找到滿意的工作而奔走。好不容易花了時間找到了工作，還沒等工作穩定，婚姻、買房、育兒等現實問題又接踵而至。生活本就已經有太多的事情令我們自顧不暇，一些來自於現實的壓力，都無時無刻不在提醒著我們，要更多地關注自己眼前的事情，而不可能頻繁地讓一些交際和友情的維護佔據著我們的生活，時間久了，自然而然聯絡就越來越少了。

可是，當你回憶起來因生活的變化，漸漸走遠的友情，也許你會感到遺憾和可惜。畢竟在過去那些分別的時間節點，你和你的老朋友都曾以為，這些生活的變化只是短暫地將彼此分開，畢竟你們有著那麼多的回憶，那麼多共同陪伴的往事，一旦有時間有機會，當你們再次相聚，就會立刻找到當年的熟悉感。

於是，即便幾年沒有聯繫，你還是鼓起勇氣，問問老朋友最近過得怎麼樣。有些朋友，聊起來之後，你會覺得為什麼不早點重新聯繫上呢，真的是相見恨晚。可還有一些老朋友，就算重新聯繫上，也不知道該從何說起，你刻意地找著話題，找著過往的那些回憶，希望和他回到那些無話不談的時光，但卻再也無法找回當年相處的感覺。

倘若兩個人之間只剩下回憶，沒有關於現在和未來的共同話題，那在分享觀點的時候，多少會有一些單調和乏味，畢竟生活總是向前的，友情不可能靠回憶來長久地維繫。

幾年前，我參加了一場同學聚會。飯桌上的老同學互相聊著天，回憶著一些同學時光的趣事，又互相詢問著彼此目前過得怎麼怎麼樣。感受下來，即便一些舊時光的趣事還是可以打動到你，觸及到你曾經青澀的記憶，可細聊下來，還是會有很大的思維、價值觀的差異，甚至對於一些想法都不太能理解。

其實這也正常，讀書的時候，身邊的同學就去了不同的學校，在畢業後，大家各奔東西，各赴前程，又去了不同的城市，在不同行業的工作，收穫了不同的感受。這些都會使每個人的思維觀念、生活軌跡產生越來越大的不同，很多人漸漸成長成為並不熟悉的彼此。

回想起來，讓人傷感又感慨，曾以為的久別重逢，是快樂且幸福的瞬間，是彼此共同拼接那些回憶碎片的時刻，但其實這些都抵不過歲月的流逝，抵不過長時間的斷聯。曾經無話不談的我們，多年後再次見面，本希望快速找到當初親密的感覺，可又在當下的相處中，因為缺少類似的經歷與感受，不得不接受漸行漸遠的現實。

所以，可能是對一些友情關係的不捨，有一段時間，我會去想，要是能避免走散就好了，是不是如果我多迎合別人的想法，是不是如果我多一些主動的聯繫和關心，是不是如果在朋友遇到低谷的時候我多一些的陪伴等等，老朋友就不會走散。

但是，隨著自己經歷的增多，成熟度的提升，我逐漸意識到，一切都不必強求，也無法強求。無論是自己，還是他人，既然每個人的心態和想法都在變化著，那人際關係勢必也在變化著。曾經的好朋友，可能慢慢淡出了你的生活圈，這不必感到失落，人生路上的來來走走，是再正常不過的事情。

漸行漸遠的友情，從追憶，再到釋然。能夠一起同行是緣分，但如果走散了，也接受各奔東西的現實。現在的我，既享受獨處的時光，享受與老朋友談心敘舊的每一刻，也不排斥建立新的友情，只是我不再患得患失於友情的來來走走，不再糾結於漸行漸遠的唏噓。既然你我都缺席了彼此太多成長的時刻，那各自的忙、各自的路、各自的難，又怎會要求彼此之間做到推心置腹、感同身受呢？

長大了，我很忙，你也很忙，忙到都已經有點忘記，我們之間是有多久沒有好好聊聊天了，時隔多年，也許我們還是朋友，但已經遠沒有當初的默契與親密了。

每一次分別，每一次的漸行漸遠，或許都是人生一個新階段的開始吧，人生有時就是在失去中，才會獲得新的功課與感受。你我終歸要更加地堅韌，既能夠坦然地接受自己從他人的生活中淡出，也能夠更加從容地決定自己是否在他人的世界中繼續停留。

03

在生命裏遇到過很多的同學朋友，在一開始出生的時候，我們和他們的故事，其實就是互不交集的孤島。時間的汪洋，帶著你我的孤島，緩慢的漂流。直到有一天，彼此發現了各自的孤島，然後共同玩耍、陪伴、長大。可後來因為各種各樣的原因，一不留神就又各自漂散了。

成年人的世界，你我都親身感受到了，一些曾經非常看重的友情，在歲月長河裏，自然而然地褪色，甚至消逝。在年少的時候，我們把生活裏的大小事發到社交媒體，看到自己的很多朋友給自己點讚、評論，內心才會感受到友情的價值所在，感受到朋友慰問和關心所帶來的安全感。

可久而久之，當我們更加成熟、更加忙碌的時候，交朋友好像越來越沒有太多的精力了，很多時候我們的社交媒體也設置著不可見或是三天可見，看上去似乎都不太想對方知道自己目前的近況如何，在社交媒體越來越發達的當下，我們心理的距離反而在拉遠。是啊，好像越來越想不起來分享自己當下的生活了，越來越習慣不再需要陪伴和關心的日子了。

為什麼會對友情從執著、看重，到後來越來越習慣於接納孤獨、越來越不再依賴朋友參與到自己的生活？

因為生活不斷地教會我們，很多人只能陪你走過人生的某一段路，只有自己才是陪伴自己最久的那個人。慢慢發現，在人生的不同節點，因為需求的不同，陪伴你的人都是在不停的變化的，他們在你的生命中來了又走，而你在他們的生命裏，也同樣如此，你們很可能只是在一個特定的階段，幸運地擁有了彼此的陪伴。就像在一輛的列車上，剛好有那麼一段路你們可以同行，而時間久了，你和他總會有人先下車，能一起坐到終點的幾率是很難奢求的。

在你充滿童真、對什麼事情都充滿好奇心的時候，有一起玩的小夥伴，會讓你感到開心。

在你積極追求一個目標的時候，有一起奮鬥的朋友，會讓你感覺充滿動力。

在你煩悶孤獨的時候，有一起陪你嗨逗你笑的朋友，會幫助你克服孤獨、重新振作。

在你遇到困難和挫折的時候，有安慰你的朋友，會讓你感到暖心。

在你日趨成熟、開始有能力獨立思考的時候，有和你認知契合、互相理解的朋友，會讓你收穫更多的鼓勵，以及情感上的共鳴。

回想自己走過的路，不同的年齡都會有著不同的思考，不同的需求和目標。就像上中學時候的我，與幾個同學幾乎形影不離，每天課間和下課都要玩在一起。後來從升學再到工作，彼此似乎都很默契地不再太打擾對方，聯繫越來越少，到後來甚至和很多老同學已經完全不聯繫了。有時候腦海裏常常還會記起學生時代那些開心的瞬間，很想問問近況，但又不知道從何說起，直到內心逐漸釋然，接受彼此從對方的生活中逐漸淡出的事實。

一路上遇到了很多人，他們在過去的那個時間節點，也許和我有著一些同頻的地方，曾經並肩前行過，共同成長過，甚至在當時，我會把一些朋友當成是我一輩子的好朋友，在過去的那個時間節點，從來沒有想過彼此之間會走向疏遠。

可我還是和他們中的很多人走散了，慢慢從聊得來到聊不來，從聊不來再到陌生，終歸在各自的生活時鐘裏忙忙碌碌，走上了越來越不相交的道路。雖然很少見面，有些記憶都已經愈發模糊，但我每當想起他們，我依然感恩曾陪我一起走過。

同時，我也足夠幸運，有幾個一路走來十幾年的摯友，他們即便和我幾年不見，即便與我相隔遙遠，可我們無論什麼時候見到面、聊聊天，都不會感到生疏，也許這就是難得且可貴的友情吧。我們彼此看著對方從騎著單車的少年，到成長為扛起家庭責任的男人，這是一種很特別的感受，在時間的推移中，這樣的友情伴隨著彼此的長大，伴隨著共同相處至今的點滴回憶，顯得愈加地濃厚、真切。

朋友是強求不來的，彼此能夠互相陪伴多久，你我都是沒有辦法設定的。因為每個人都是獨立的個體，每個人也會在不同的階段，有不一樣的想法和圈子。所以，有時候彼此舒服就好，不必糾結當下的你們，還能不能再像過去那樣親密地走進彼此的生活。

在過去的關於我的故事裏，我感謝曾經有你們照亮我、陪伴我，那些有你們的美好回憶，都是我記憶中私藏的幸福。

致未來的另一半

有時候
真的很好奇
最終會是誰
將陪伴我走過
這一場人生的旅途

現在的我
不知道你是誰
也不知道你在哪里
不過我知道
你一定會是一個愛笑的女孩
一個懂生活樂觀的女孩
一個願意互相包容的女孩...

現在的我
也很好奇究竟會是一個什麼樣的契機
讓我們的命運產生交集
我默默地等待著你
時光終究會拉近我們的距離
你終究會在未來的某一刻
走進我的世界
這一天 也許會晚到
但不會缺席

在遇見你之前
我已經習慣了很多一個人的時刻
一個人看電影
一個人吃飯
一個人旅行
甚至一個人留學
慢慢我似乎已經習慣
乾淨俐落的一個人的生活
但我還是覺得生活終歸缺了點什麼
我並不著急
但又憧憬你的來到
想和你分享喜怒哀樂
想和你一起做飯
想和你一起進步
想和你一起環遊世界...

我有很多的故事
想說給你聽
我有很多的歡笑
想和你分享
我有很多的地圖
想和你走遍
我也有很多的愛
想給你
那個還沒出現的你
那個也在等待我的你

那個誰　你現在好嗎

我會豐富自己
用更好的我
在未來等你
用更成熟的我
在未來愛你

希望現在的你每天都開心
也替我先照顧好自己。
還有很多的話留到我們見面說吧
See you in future！未來見！

你的未來先生
2019.6.30

尾聲章 和解

被寄予厚望的少年

被寄予厚望的少年

01

2002 年秋，少年宮。

小學五年級，因為英語成績實在是跟不上，被父母送到了少年宮興趣班，每週補習英語。

不可否認，小時候媽媽對我的學習真的是非常負責。每次我在少年宮上完課，她會跟著學習一遍，這樣她在課後不僅可以瞭解我學習的效果怎麼樣，也有利於我更好地汲取這些知識。現在來看，真的是煞費苦心。

可即便我在學校裏認真上課＋興趣班補習＋媽媽對我的課後加練，我的成績依然提升不大，這讓媽媽很不理解，於是一些話就經常性地在我的耳邊環繞：

"為什麼別人一學就會，你怎麼學都聽不懂？"

"勤能補拙，笨鳥先飛，還是要更努力才行。"

"你肯定是沒有用心學習，不然你怎麼會學不過別人？"

"回到家就想睡覺，別人都能學到一兩點，你為什麼就不能再多學一會？"

這些話我到現在還記得，並不是說到現在依然被這些言語傷害著，而是回頭想想，有種總算輕舟已過萬重山的感覺。時至今日，老媽不用那麼累得看著我學習，我也不用再繼續那麼辛苦地做功課。

現在再和她聊起這些的時候，我沒有責怪她什麼，而她卻反思了很多事情。她說：“以前總是覺得只要努力就一定會收穫想要的分數、成績，其實並不一定是這樣的，每個孩子都有自己擅長的、不擅長的，容易領悟的、不容易領悟的，但在當時，因為對我抱有很大的期待，太想我變得優秀，就執著地認定，如果我沒有取得滿意的目標成績，那就說明我的努力一定還不夠，還要更努力才行。”

回想從前的我自己，每天都在面對老師和家長對我學習的嚴厲要求，就像是被推著向前走的。無論是老師、同學帶給我的競爭意識，還是父母身邊人傳達給我的話，好像都在告訴我：“你是可以變得更優秀的，大家都對你有很高的期望哦，你一定要一鼓作氣往前走，學習那麼重要，可不能鬆懈，熬出來就好了。”

如果中間懈怠了一點、走了一些彎路，身邊就會有人告訴我，這將導致多麼嚴重的結果，這是會影響到我的前途、我的人生的。所以，我總覺得很多人都在關注著我的一舉一動，我也很努力，生怕辜負了別人的期望，也非常擔心會得到那個聽起來很“負面”的結果。以至於在當時，我都沒有好好想過，自己擅長做什麼，未來想做什麼。

但是，作為一個學習和做功課方面沒有太大天賦的人，無論我怎麼努力，似乎都無法在考試成績上成為佼佼者。十四五歲的時候，部分科目的學習進度跟不上，當時我覺得這是天大的事情，甚至覺得我的一生都即將要輸給別人了。

後來，到了高中階段，數學老師是我們的班主任。課堂上常說：“高考決定人生，數學決定高考”，“你們現在好好學，等你們考上大學，想怎麼玩怎麼玩”。那時候的我也覺得，人生的勝敗在此一舉，如果我高考沒有取得滿意的成績，我的未來就將一片黯淡了。

　　雖然現在覺得那時候的想法非常局限，但在當時的那個時候，我真的是那麼想的。

　　怕什麼就來什麼，越在乎什麼就越煩什麼，高考沒有取得理想的成績後，我自卑鬱悶了很久，我覺得我辜負了很多人對我的幫助與期待。同學喊我出去玩，也一直被我拒絕，內心非常不願面對有關於成績的話題。

　　一段時間後，好不容易緩過來了，感覺沒那麼難受了，就去參加了高中畢業的一個同學聚會。不去不知道，去了就像是將我的傷疤重新揭開，只見班主任的身邊圍坐著考上一流大學的學生，談笑風生，而我又羨慕，卻又自卑，像一個局外人，木訥地坐在遠處，僵硬地笑著說著。

　　那個時候，單純的自己還對"高考決定人生"這句話深信不疑，就像聚會上被"淘汰"在角落的我一樣，十二年的苦讀似乎白費了，我對不起家人對我的培養，我覺得我的一生都要落後於別人了。

　　但再多的洩氣與失望，也改變不了什麼，我不得不收拾心情，繼續努力奔赴未來。

　　在進入大學後，我獲得了充分的自我思考的時間。過去的我，因為家人對我的學習成績寄予厚望，所以我一直在壓力中成長，對每一次考試的結果患得患失，一旦沒有取得滿意的成績，家人就失望難過，自己也陷入無謂的自責與自我懷疑。

　　現在，我是大學生了，父母雖然對我當下的成績很無奈，但也願意給予適當的放手，對我也沒有那麼高的期望了，只希望我好好感受大學生活，健康快樂地過好每一天。這樣的轉變，對我來說，未嘗不是一個"卸下期望包袱"的機會，讓我終於靜下心思考，可以做一些自己感興趣的事情，規劃自己想要實現的目標等等。

　　一次偶然的機會，我萌生了出國留學的想法。雖然我的學習成績一般，但在性格方面，其實非常熱衷於去不同的地方，體驗不同的事物。上課之餘，我花更多的時間來學習英語，查閱各種關於留學的資料，一步步地為了目標努力積累。

　　直到 2012 年，我告訴了父母我的想法與規劃，希望在畢業後可以出國留學。

　　一開始，當我把這個決定告訴父母的時候，他們肯定了我的想法，覺得我願意繼續提升學歷，是值得支持的，只不過對我是否能達到這個目標，內心存疑。我當然理解他們的質疑，畢竟從小到大的學習經歷擺在那裏，過往一次次令全家失望的考試成績，都在動搖著本就不夠充足的信心，好像一次次地在提醒著我：“你不行，別想了，你做不到。”

　　可能在學習方面開竅晚，也可能是我學習生涯不順的時間太久，也是時候轉轉運了。

　　在往後一年多的時間裏，我都一直在為留學做著各種準備，無論平時的學業，還是學習英語、申請學校，每一步都很順利，早早就拿到了幾個意向學校的錄取郵件，在過程中甚至都沒有遇到過什麼大的坎坷，那個時候我就知道，我距離這個目標越來越近了。

　　時間來到了 2014 年 7 月，廣州白雲國際機場。準備啟程去澳洲，開啟我的研究生學習生涯，為了這一天，我準備了很久，期待了更久。

　　在機場候機的時候，我在當時還很流行的人人網上，寫下了這樣一段話：“致父母：我會努力完成學業的，以前你們一直不太願意與別人談論起我的學習與成績，但希望兩年後，當我再一次畢業時，我會是你們的驕傲。"那個時候，我其實內心仍然渴望向他們證明自己，證明我會繼續努力，不想辜負他們的期望。

一路走來，我很感激父母。雖說他們對我寄予了厚望，讓我承受了不小的學業壓力，但就算我學習再差，曾被老師無數次的批評否定過，他們也還是會支持我，鼓勵我勇敢地去追求目標，並且相信　切都會朝著更好的方向發展。

兩年後，我順利完成了學業，第一次在國外參加了畢業典禮。

畢業那天，又在朋友圈寫下了這樣一段話："在我近十八年的學習生涯裏，我遇到過很多的同學朋友，他們遠比我優秀，遠比我更配得上出國留學。有時在我抱怨留學過程的不易時，可能很多人也在羨慕著我。我幸運地飛到大洋彼岸，有機會去認識不同，去感受，去提高。此刻感恩、感謝，好好努力，來日方長。"

那一天，幸運與感恩是我情緒的主旋律，而不再是執著於證明自己可以做到什麼。

十幾年的學習生涯，我彷彿一直都在努力地奔跑著，試圖追上那個被家人寄予厚望的自己。直到有一天，在一次次的失望後，我暫時停下了奔跑的腳步，我想歇一歇，花點時間去享受當下，去瞭解自己。同時，我也學會了接納，接納自己在很多方面是做不到出類拔萃的，我只是一個很普通的學生，很平凡的年輕人。

在過去很長的時間裏，尤其在小學和中學的階段，因為家人很高的期待，我經常會以學習的成績來定義自身的價值。後來想想，這還是狹隘了些，當我開始學會把一些期望放下，專注於做自己想做的事情，更多地向家人表達自己最真實的觀點與感受時，其實在不經意間，就已經逐漸達成了與自己的和解。

和解之後，我終於可以放肆地自由奔跑，而不再是為了追逐。

02

兩年前的某天傍晚，我抱著籃球來到社區的籃球場打球。

走到籃球場，兩個穿著校服的初中學生，在籃球場投礦泉水瓶子，練習著自己的投籃。我看著心想，怎麼連個球都沒有，這樣投籃也太寒酸了點。

於是我把手裏的籃球扔了過去，大喊一聲："拿我的球打。"

兩個中學生非常高興，連忙笑著跟我說謝謝。

我站在球場邊，看著他們開心地投籃，有模有樣的 1 V 1，對我來說也是蠻開心的一件事情，不由讓我回憶起自己的小時候，曾在泥濘的足球場，玩得滿身泥巴的樣子。

看著他們打球大概 20 分鐘後，有個孩子突然把球放下，說了一聲"不好，趕緊走吧。"然後騎著自行車飛速地離開。

我還沒有反應過來發生了什麼事情，另一個孩子已經站在原地低下了頭。

孩子的媽媽站在他的面前，臉色陰沉，似乎對孩子來說，一場風暴在所難免。

"你作業寫完了嗎？"

"都什麼時候了還打球，你為什麼不能抓緊時間好好學習？"

"考得那麼差，怎麼好意思還在玩？"

雖然是公共場合，但訓斥聲依然很大，我只能抱著球倉促地離開，身後的責怪聲刺耳又尖銳。

這件事情影響了我一整晚的情緒，我不明白為什麼只是打個籃球，就遭來了那麼嚴厲的訓斥。也許作為孩子媽媽的你，把學習看得很重，對孩子的成績有很高的期望，但讓一個孩子開心快樂地成長，難道不是同樣值得關注嗎？

當父母對孩子在某件事情上抱有過大期望的時候，就很容易將期望轉化為控制欲。他們會時時刻刻關注著事情的發展進程，是否如自己所希望的那樣向前推進，而一旦偏離了哪怕一點點，都要用各種辦法給"糾正"回來。

可是，並不是每個人都適合被賦予很高的期望。

對一些人而言，他們天生就適合被賦予很高的期望，因為這不僅會讓他們感受到備受他人的尊重和信任，還可以激發他們的潛能，催促他們奮進。

但對有些人來說，他們更適合從點滴小事的鼓勵開始，一步一個腳印地向前走，並不適合早早被賦予太高的期望。因為他們非常不願辜負他人的期望，所以一旦沒有取得滿意的結果，失望和質疑就被無限放大，不僅背負上巨大的壓力，還打擊了自信心。

說到自信，小時候的我，因為成績不佳所帶來的挫敗感，走路常常低著頭，沉默寡言。

　　一個人童年時期自信的來源，除了成績優秀，還可能來源於其他方面，比如樂器玩得好、跑步比別人快、籃球打得好、去過的地方比別的孩子多等等。而我不僅學習成績一般，這些其他的方面，在我童年時期似乎也沒有太多的機會觸及，等待我的常常是做不完的習題和考卷。

　　在當時，我的放鬆消遣，是與學習成績掛鉤的，像是一種很難形容的獎勵機制。如果我考得好，父母就會給予我一些獎勵，比如給我買個玩具，放我出去玩一整個下午，或是帶我出去旅行等等。可如果成績不佳，家人就會停止"獎勵"，哪怕想出去玩一會都要被說："都什麼時候了，再玩心就玩野了，學習不管不顧了嗎？"

　　即便在嚴厲的要求下成長，但我好像還是很少能在學習上達到他們的期待。

　　印象很深的一件事情，2005 年的夏天，我還在上初一，13歲。有次放學背著書包高高興興地回家，回家就看見媽媽躺著床上，一言不發。剛開口說兩句話，就開始嚴厲地訓斥我。我感到很奇怪，但也沒有去反抗什麼，只依稀記得那天，她瘋狂責怪我沒有好好學習，一點也不爭氣。

　　幾天後，我才知道，原來是親戚家的孩子考上了我們市里最好的中學，親戚打電話告訴了我媽媽這個喜訊。本來一件現在看來很普通的事情，卻使得她內心失衡，不斷地抱怨說："為什麼在你身上付出了那麼多，卻還是學不過別人家的孩子。"

　　她失望地看著我，感歎優秀的孩子怎麼都是別人家的。

　　在那個時候，其實我也很努力，但我總是被說還不夠努力。我當然希望我也是那個可以被她拿來"炫耀"的孩子，但回頭看，每個人都有各自的長處，也許在我的那個階段，學習功課與考試確實不是我所擅長的。

回憶起來，為什麼年少的我總感到疲倦，一方面可能是因為被寄予了厚望，壓力太大導致很多目標難以達成。另一方面，長時間被寄予了厚望，卻在事與願違的時候才發現，父母和我都沒有足夠的能力來承受住失望。而在失望之後，身邊也沒有人來告訴我，學習成績不是人生的唯一選項，不要用學習成績的好壞來定義自我的價值。

我常常幻想，要是年少的我遇到現在的她，是不是會更好些。或者，要是現在的我，可以回到十幾年前，告訴她現在的我是什麼樣，是不是可以幫助她鬆弛一些，不再為了我的學習成績，每天那麼地焦慮不安。但是，她之所以成為現在的她，逐漸開明和願意反思的她，也是因為成長後的我，慢慢給予了她一些新的觀點與思考。

現在的她，願意接受我的平庸與平凡，更願意支持我以自己喜歡的方式，過充滿鬆弛感的人生。我變了，她也變了，我不再是那個低著頭質疑自己的少年，她也不再是一位對我有很多要求、很高期望的媽媽，近幾年的時間，我們常常可以笑著說出那些曾經共同困擾彼此的往事，在不斷地溝通與談話中，我們都與過去的自己達成了"和解"，以最溫暖和諧的方式。

從我們出生的那一刻起，也許父母就自然而然地會對我們有所期望，要求我們成為他們所期待的人，尤其是作為獨生子女的我，常常會在父母的嚴格要求下，沒有辦法獲得太多的試錯空間。而在我個人的成長經歷中，也常常對父母有所期望，期望父母不要給我那麼多的負面情緒，不要對我那麼嚴苛，希望他們給予我更鬆弛的成長空間等等。但我們沒有辦法選擇出生在什麼樣的家庭，也沒有一所屬於父母的學校，要求他們一定得學會一些什麼，才可以有資格做父母。

　　一直被過多的期待，會帶來壓力和負擔。但換位想想，在很多年前，無論是親戚還是朋友，都在不斷地給我的父母傳達一種很標準化的邏輯觀念，那就是什麼什麼有多重要，如果沒有達到什麼、做到什麼，就會怎麼樣怎麼樣。況且，生活在充滿競爭與比較的親戚圈子、朋友圈子裏，她無法做到獨樹一幟，完完全全地把焦慮和對我的期望拋在身後，來按照年少的我所希望的方式，給予我想要的成長空間。

　　所以，已經長成大人的我，面對曾對我寄予厚望的父母，選擇給予他們充分的理解與包容。對我抱有很高的期望，這其實能夠理解，而有些期望我沒能做到，也不代表著我就虧欠他們什麼，父母和我們一樣，都在不同的經歷中成長。

　　伴隨著長大，我們遲早要學會擺脫期待，表達出自己最真實的想法。也許你我都曾被家人的期待所羈絆，花了很長的時間，經歷許多沮喪無助的時刻，才終於找回做自己的勇氣。但在找回自我的過程中，選擇體諒父母、家人，並同過去的各種經歷和解，也同樣值得。當我每每想起，我曾站在父母的肩膀，看到過更廣闊的世界，我又怎有資格，再回頭去責怪他們的局限與不完美呢。

03

2003 年暑假，全家一起到北京旅遊。

　　那時候的我，還在上小學，父母把我帶到北京大學的門口，拍了張照片。回去後，我看著照片，心裏想著，我以後是要上清華大學還是北京大學呢？後來明白，其實完全我是想多了。

　　上小學那會，我總是覺得自己跟別人很不一樣，覺得未來的自己會很厲害，似乎篤定長大後的自己一定是一個了不起的人。

記得五年級的時候老師佈置作業，讓我們寫一篇描繪自己長大後的作文。我還記得其中有一段，我應該是這樣描寫的："二十年後的我，西裝革履，開著一部敞篷車，停在一棟大樓的門前，瀟灑自信地走出轎車，直奔公司的頂層，沉穩幹練地開始處理一天的安排。"

是的，當下平凡的自己，也曾在二十年前，被小時候的自己寄予厚望過。

時間來到了曾經無比期待的現在。現在的我，仍然習慣穿著小時候愛穿的 T 恤和運動鞋，在一些開心的時候，仍然會如小時候般哼起小曲，考慮問題有些時候也不夠全面縝密。雖已年過三十，卻常常依舊在找尋自我的路上，在一些事情的思考方面依然要依賴家人的指點和幫助，滿腦子思考的都只是一些看似很平淡普通的事情。

小時候的自己覺得，當我到達一個年齡，很多想要的東西，就都會自然而然地擁有。曾以為的三十歲，應該是事業出成績的年齡，是積累了一定財富的年齡，是可以做到泰山崩於前而面不改色的年齡。

二十年一轉眼過去了，到了小時候盼望的年紀，卻沒有成為小時候盼望成為的那個人。

長大的一個殘酷現實，就是需要不斷地接受，接受自己很多方面的力不能及，接受自己的平庸平凡，接受很多早已過去的遺憾。也不得不告訴自己，原來成熟幹練、事業有成、收入可觀、愛情美滿…等等這些在小時候覺得長大後所應當獲得的事物，在現實生活裏從來不是輕易得來。

有些時候，也許我們會因為當下生活的瑣碎、枯燥，而常常回憶起小時候天真爛漫的自己。那個對未來有著美好夢想與期望的自己，似乎比成為大人的我們更知道自己想要什麼。但小時候的自己，還很稚嫩單純，很多期待與想法，並不適用於現在的我們。

生活中大部分幸福感的來源，其實取決於自己如何看待自己，以及如何在生活中真正的做自己，不一定是要達到曾經期望中的長大，才算是成長。對我而言，我沒有完成小時候的很多期望，甚至離很多期望相距甚遠，但是，我也並不會覺得有多難過，相反我對現在的自己還挺滿意。在不同的經歷中，我親歷著不斷成熟、愈加從容的自己，這對於當下的我而言，遠比糾結於有沒有達成小時候的期望，要重要得多。

也許我不如小時候認為的那般成熟幹練，但我可以更加從容地面對生活的賦予，也越來越能夠坦然地接受失敗，接受事與願違。

也許我不如小時候認為的那般聰明智慧，但我願意花更多的時間來瞭解自己，也學會了如何用心與自己對話，並為自己做出決定。

也許我不如小時候認為的那般成功，但我明白了知足的快樂，也依然願意為達成一個自己想要的目標，而竭盡全力。

不僅僅是小時候，我們在每一個年齡階段，都會對自己的未來都有著相應的期待。

回想起我們在上大學的時候，不也是像小時候那樣，對三四十歲的自己，寄予了厚望嗎？

當時的我們，都希望在畢業後，可以成為相對"成功"的那個人，成為令自己和家人驕傲的那個人。

在宿舍裏，我們聊著對未來的展望，彼此分享著各自的期望，希望五年內自己可以找到什麼樣的伴侶，希望幾年後自己可以找到什麼樣的工作，做出什麼樣的事業，繼而有所積蓄、事業有成等等。

很多期望的事情，自己其實也很清楚，因為在這個年齡還做不到，所以我們把目標和願望交給未來的自己，寄希望於自己在三十歲的年齡，可以完成二十歲時候的期待。

常說三十而立，但當三十歲真的到了，好像又很難做到曾經心目中所期待的"而立"，焦慮感一點都沒有減輕。感情、工作、事業等等問題接踵而至，忙碌的生活，讓我們似乎逐漸遺忘了二十歲時憧憬的模樣。

已不再是少年模樣的我們，常常依舊在找尋自我的路上。

畢業的那天，我們曾被自己、被家人寄予厚望。當時的我們，極力地想證明自己，希望成為期待中的那個人。但是，再看看自己當下的生活，有期待，卻常感到無力，想改變，卻又不知從哪里重新開始。

很多個無法入睡的夜晚，也許我們曾陷入過自我的懷疑，都曾問過自己："我想要成為一個什麼樣的人，我離期望中的自己還有多遠，我還來得及成為一個什麼樣的人嗎？"原來從二十歲走到三十歲，並沒有佈滿鮮花和掌聲，恰恰相反，在不斷的挫折與反思中，走得踉踉蹌蹌，一路顛沛流離。

後來，當我去過更多的地方，見過更多優秀的人，見識到更多新奇的事物，就會越發認識到自己的渺小與普通。這並不是貶低現在的自己，或是沉浸於自卑的情緒，而是努力讓自己在一些事情上，不必對自己抱有過高的期待，在一些嘗試後卻依然力不能及的事情上，選擇順其自然，其實也沒什麼大不了。

　　所以，三十歲後的我們，似乎學乖了很多，開始尊重自己內心的意願，並為自己設定一些切實且並非遙不可及的目標，不再理想化地要求自己成為少年時所期望的大人。如果你問二十歲的我，應該如何開始自己的職業生涯，那麼我一定會說，要去大城市闖出一番天地，才算是對自己的不辜負。

　　但現在的自己，並不會給出很標準的答案。在一個很年輕的年紀，很多對於未來的期待與目標，只是身邊很多人所認為成功的標準，或是他們所認為優秀該有的樣子，他們說著年輕人應該上進，應該離開自己的舒適圈，應該要什麼年齡做出什麼成績、擁有什麼樣的性格品質等等。而當時的我們，僅僅只認識到了這樣的"標準"和"模版"，所以我們就給自己寄予了這樣的期望，並開始追逐這樣的未來。

　　可如果我們竭盡全力，卻還是沒有成為那個期望中的大人，那還是有意義的嗎？

　　那些曾經認定的"標準"和"模版"，並不是唯一的。年輕的我們，就是在不斷地奔跑與追求中，才漸漸地發現，過去的一些追求，只是受他人的影響設定給自己的，並不是自己真正喜歡的，也並不是真正適合自己的。直到有一天，你不再執著於追求，開始踏上找尋自我的旅程。

　　有的人發現，自己不擅交際，只想做一個享受獨處，享受簡單生活的人。

　　有的人發現，自己其實並不出眾，只想過按部就班的生活，這樣也挺有安全感的。

　　也有些人還沒有發現自己想要的、適合的是什麼樣的生活，依然在尋找的路上。

　　沒有讓自己變得有多優秀，這並不是什麼不堪的事情，做一個簡單平凡的小人物，也並沒有什麼不好的。況且，我們大多數人也都是普通人，不是嗎？

　　不必內疚於沒有達到什麼期望，更不必嘲笑那個曾經提出遠大目標的自己。成為曾經想成為的人，哪有想的那麼容易呢？很多想要追求的事物，都是可遇而不可求的，倘若一直活在曾經的期待裏而無法自拔，那才是對當下、對未來的辜負。

　　放下曾經的一些期待，回歸平凡的每一天，其實有很多更值得去做的事情。我們依然可以享受當下生活的點滴美好，依然可以為達成一個想要的目標而給予自己肯定，依然可以花時間去瞭解自己、培養自己的興趣。即使在一次次的事與願違後，還不知道現在自己想要的是什麼，那也依然可以慢慢來，多嘗試、多體驗，在等待中找尋自己的答案。

　　光陰流轉，我早已不再是當初那個年少輕狂、異想天開的少年了，在不同的經歷後，也許我漸漸成為了十幾二十歲的自己無法理解的樣子。曾經，我對未來的期望很飽滿、很豐富，但哪想過理想與現實有如此懸殊的差距，只知道自己懷抱著炙熱的夢，一股腦地向前橫衝直撞，直到對一些事情不再執著，直到棱角被打磨圓潤，才甘願做回平凡而真實的自己。

　　但無論如何，我都想對自己說："雖然與很多的期望漸行漸遠，但你一路上獨自捱過那麼多艱難的時刻，在無數次的迷茫沮喪之後，依然勇敢地選擇重新出發，這讓我由衷地讚歎。從那個稚嫩、叛逆的孩子，一步步成長成為願意悅納自己、並能夠在很多事情上獨當一面的大人，你又何嘗不是一個很棒的人。"

　　每一個年齡的我們，都是最棒的自己。

04

小時候，被期望要好好學習、取得好成績，將來要考上理想的大學。

考上大學後，又被期望要順利畢業，畢業後找到理想的工作。

找到工作後，又被期望找到合適的另一半，能早點穩定下來。

結了婚，又被伴侶期望要獲得更高的收入，要花更多時間照顧到家庭。

工作後，又被老闆期望要達成更高的業績，要為公司創造更多的效益。

⋯

一路走來，也許我們都沒怎麼留意，好像無論在任何的人生階段，都在被不同的期望所包圍著。有一些來自他人的期望，會讓我們感到愉悅，內心會有種深受肯定和信任的感覺。同時，在某些情況下，我們會幸運地發現，自己的願望和他人寄予我們的期望正好也是同步的，這個時候，為了期望的目標而努力奮鬥，其實算是蠻有動力的事情。

可還有一些他人對我們的期望，對我們來說，算是很難達成的"厚望"。是否需要回應他人對我們的"厚望"，或是以什麼樣的方式來回應，好像身邊很少有人真正地教過我們。

幾個月前，和一位朋友聊了聊心裏話。

朋友說，其實她從小就是那個被其他家長羨慕的，別人家的孩子。上學的時候，父母對她的學習寄予了厚望，她基本都能一一實現。成績一直都很優秀，常常被老師表揚，後來也考上了滿意的學校，父母覺得很有面子，而她當時在同齡人中也是賺足了優越感。

可畢業後，好像就越來越難以滿足不了父母對她的期望了，既沒有遇到合適的對象，又沒能做一份自己喜歡的工作。而在工作中，又因為很難做到老闆對她一些方面的要求與期望，進一步加劇了焦慮。對她來說，一方面過往學習的經歷太順了，畢業後感到落差很大。另一方面，不再能達到身邊人期望了，就常常陷到入了內疚與懷疑的情緒。

一直在期望中成長的她，曾以為只要自己願意努力，就可以一直做到別人所期望的，可當不再有能力做到的時候，卻發現自己沒有做好充分的心理準備。

從小，我們不僅被家長和老師期望著，還要不斷地被和別人比較。要拿到比其他同學更高的分數，才能得到老師的表揚與肯定，要多聽父母的話，要比別人家的孩子考得更好，家人才願意多誇誇我們，才會願意向別人"炫耀"我們的優秀。好像在小時候並不成熟的思維觀念裏，一直就存在著一個邏輯關係，那就是只有當我們做成了什麼、做到了什麼的時候，我們的內心才會覺得他們是認可我們、疼愛我們的。

所以，那個時候沒有安全感的我們，害怕不被疼愛、不被關心，就告訴自己，要努力學習，完成家長和老師的期望，等考上中學就好了。

考上中學後，發現老師和家長給予的期望更大了，於是我們就更加努力，告訴自己，等考上大學就好了。

再後來，你我都明白，期望並沒有因為我們做到了什麼而即時停止，反而會因為進入到了一個新的階段，而被更多的人寄予了不同的期望，甚至是難以企及的"厚望"。

但無法忽視的是，有些人在成長的過程中，因為還沒有強大到可以從他人的期望中擺脫出來，所以對他人寄予的期望，內心一直是有所擔憂的，他們在心裏會忍不住地想："萬一完不成這個目標，辜負了他人對我們的期望該怎麼辦？"

而好不容易完成一個既定的目標後，也不願意讓自己放鬆下來，反而在心裏又會想："萬一自己完不成別人的下一個期望，讓別人失望了該可麼辦。"

總是在焦慮中反反復複。

有時候，由於每個人認知和心態的不同，你是無法阻止他人對你寄予期望的。你可能在還沒有瞭解自己內心意願的前提下，就已經被他人設定了一個很高的目標和期望，並要求你去完成它，而如果你沒有完成，就會立即遭來質疑與批評。

但其實，就算你沒有達到他人的期望，也不必因為他人的失望而感到焦慮，這本就不是你應該承擔的結果。他們之所以失望，也許是因為他們為你設定的期望本身就是局限的、不合理的，理想與現實的落差是他們需要去學習領悟的，並不是應該由你去彌補的。

就像一對父母，他們對孩子的學習與前途寄予了厚望。

父母年輕的時候，沒有考上大學，就把目前自己平凡生活的原因歸結為學歷。他們認為，如果當初他們考上大學了，有了學歷，現在就一定會發展地很好。所以，在教育孩子的時候，他們很嚴厲，也傾注了很多的心血和期望，篤定將來有一天，如果孩子考上大學，一切就會不一樣了。

後來，如父母所期望的，孩子考上了大學，父母也很開心，期望著孩子畢業後就可以出人頭地了。但畢業後，孩子花了很長的時間，只找到了一份普通的工作，薪水也是差強人意。

這個時候，父母的心態就失衡了，他們對這樣的現實感到很失望，開始對孩子抱怨："為什麼你一個大學生只找了這樣的工作？為什麼有些人畢業就可以找到又高薪又體面的工作，而你卻沒能做到呢？"

對於剛大學畢業的孩子來說，面對工作和事業上的"厚望"，可能當下的他無論如何努力，如何去調整自己，也很難立馬就做到如父母所期望的那樣。這並不是孩子的錯，而是父母的期望過於樂觀、過於理想化了，不僅沒有結合當下的實際情況和自身條件，還因為對結果的不滿意，一味地將焦慮傳遞給孩子，導致原本很親密的關係，卻被過高的期望深深傷害，使雙方都陷入負面的情緒之中。

回看我們自己，雖然可能已不再是少年的年紀，但又何嘗不是依舊容易被裹挾在他人理想化的期望中呢？

來到三十歲，雖說只是一個年齡而已，但在很多人的期望與眼光裏，三十歲成為了一個你要做到很多事情的理由，因為你都三十歲了，所以你要抓緊時間，努力做到這個年齡"該有的"一切。

家人親戚和你說，你都三十歲了，各方面也應該穩定下來了，趕緊看看什麼時候把婚姻的事情解決。

老闆和你說，你都三十歲了，我在你這個年齡的時候，都已經做到什麼什麼了，你怎麼還是原地踏步呢，你也是時候要做出更好的業績了吧，希望你別再讓我失望了。

伴侶和你說，你都三十歲了，為什麼還是不能做到什麼什麼，為什麼有時候還是那麼地不夠成熟穩重呢？

這些言語，可能會使我們在接下來的日子裏，陷入焦慮與懷疑。既擔心如果自己沒有達成他們的期望，是不是真的就如他們所說，沒有成為"合格"的大人。又糾結於他人的一些期望，可能對於自己來說很難達到，辜負了他們可怎麼辦。但是，別人期望的樣子，往往看起來很好很棒，不一定就是合理的、適合我們的。有時候，不妨想一想，我們一定要通過做到一些什麼，來達成他人的"厚望"，才能算得上是一個"合格"的大人嗎？

一年多以前，有位朋友和我說："你都過了三十歲了，怎麼有時候想法和十幾歲的人一樣天真單純，每天背個書包，打扮有時候依然像個學生似的，也該成熟點了吧。"我想了想，他說的並沒有錯，雖然已畢業好幾年，但既沒有像同齡的一些朋友那樣，能夠做到遇事沉穩果斷，也遠不及我父母在同樣三十歲時候的從容幹練。

可就是現在這樣的我，在他人眼中依舊還有些單純的我，在他人的期待中依舊沒有做到事業有成、沉穩幹練的我，卻是一個比以往的任何年齡，都更有勇氣面對真實內心的我。

我可以拒絕別人對我不切實際的期望，選擇做自己認為對的、更想做的事情，哪怕讓別人失望，那也不是我能左右的。

我可以努力去追求他人寄予我的"厚望"，如果我認為這樣的目標確實是值得的。

我也可以允許自己犯錯，允許自己懶惰，允許自己在很多方面的力不能及，因為我只是一個普通人。

也許，我們都曾是那個被"寄予厚望的少年"，在學習、婚姻、事業等不同的人生階段，常常被"困"在自我的要求裏，家人的期望裏，外人的眼光裏。我們很想通過做一些事情，來回應一些"厚望"，證明自己不想辜負他們。

直到後來你漸漸明白，與其說是你很希望達成什麼、滿足什麼，倒不如說，每一個對你寄予厚望的人，他們都在心裏有一個期望中的你，而你一直被他們一些過高的、不合理的期望所深深影響。很長的時間以來，你看似在努力成為那個"被寄予厚望的自己"，但其實你一直追求的，從來都不是最真實的自己。

不必去演繹那個期望中的自己，和自己好好談一談，傾聽自己的真實意願，尊重自己的真實感受。當你勇敢地做自己之後，可能會發現，身邊的很多人並不欣賞這樣的你。但那又怎麼樣呢？從你決定放棄演繹的那一刻起，其實你就已經開始不再辜負自己，並在取悅自己的道路上，無所畏懼。